CONVERSAS DESCONFORTÁVEIS COM UM HOMEM NEGRO

CONVERSAS TÁVEIS COM NEGRO

DESCONFOR
UM HOMEM

TRADUÇÃO DE **MARINA VARGAS**

EMMANUEL ACHO

Título original: *Uncomfortable Conversations With a Black Man*

Editora executiva
Izabel Aleixo

Produção editorial
Carolina Vaz

Revisão
Carolina M. Leocadio

Capa
Thiago Lacaz

Projeto gráfico e diagramação
Filigrana

Dados Internacionais de Catalogação na Publicação (CIP)
Angélica Ilacqua CRB-8 / 7057

Acho, Emmanuel
Conversas desconfortáveis com um homem negro / Emmanuel Acho; tradução de Marina Vargas. – São Paulo : LeYa Brasil, 2021.
240 p.

Bibliografia
ISBN 978-65-5643-088-1
Título: Uncomfortable conversations with a black man

1. Racismo 2. Discriminação racial I. Título II. Vargas, Marina

21-1720 CDD 305.8

Índices para catálogo sistemático:
1. Racismo

Casa dos Mundos Produção Editorial e Games Ltda.
Rua Avanhandava, 133 | Cj 21 – Bela Vista
01306-001 – São Paulo – SP
www.leya.com.br

Para aqueles que marcharam,
se ajoelharam e mantiveram a esperança.

SUMÁRIO

PARTE III: NÓS

APRESENTAÇÃO

Certa vez, num de seus livros de contos, o escritor brasileiro João Guimarães Rosa fez o vaqueiro Zito, personagem de carne e osso, a quem acompanhou em travessias de boiadas pelo sertão, resumir como compreendia a função dos livros e dos escritos em geral. Na boca de Zito estava o "credo literário" de Rosa: "Um livro, a ser certo, deve se confeiçoar da parte de Deus, depor paz para todos, empuxar a coragens".

Mas assim... à primeira vista, e ao olharmos para a história da literatura desde a Antiguidade, parece que não há nada mais contraditório do que essa proposição. Os romances, contos, poemas e crônicas se apresentam mais como o espaço das guerras, dos conflitos e dos dilemas humanos, sejam eles individuais ou coletivos, elevados à sua máxima potência. Teria Guimarães Rosa se arrependido de sua obra máxima, em que, por mais de seiscentas páginas, refletiu sobre a relação íntima entre o homem e o mal? Estaria propondo que os livros só nos contassem coisas boas e nos deixassem pairando num eterno mundo de fantasia? Quem o conhece, no entanto, sabe que Rosa é um escritor que desconstrói sempre a compulsão humana pelo dois, pelo sim e pelo não, pela oposição, pelo isto ou aquilo, compulsão essa que nos acompanha muito antes de as redes sociais entrarem em cena. A paz de que fala Guimarães Rosa não é nunca a ausência de conflitos, é justamente a capacidade de entrar no meio do "redemunho" e dele sairmos íntegros (mesmo que não inteiros), transformados, com uma outra compreensão da vida e de nós mesmos. Isso é travessia ou, aqui, neste caso, leitura.

Conversas desconfortáveis com um homem negro é um livro simples, relativamente curto e muito fácil de ler, se entendermos a facilidade da leitura em termos de complexidade de estilo, escolha de palavras etc. Mas, ao mesmo tempo, é um livro-espelho muito desafiador.

Um dos "redemunhos" dos nossos dias, que pode muitas vezes nos cegar com sua nuvem de poeira, são as questões sobre raça e racismo. Mas, mesmo sem provavelmente conhecer o escritor brasileiro, Emmanuel Acho, autor deste livro, fez a mesma proposição de Rosa: usar as palavras para "depor paz para todos" e nos "empuxar a coragens" muito necessárias. A principal delas é nos enxergarmos nesse espelho com todas as nossas imperfeições. Venha, sinta-se à vontade para isso, mas prepare-se para um certo desconforto: você não estará exposto ou exposta ao tribunal da internet ou ao cancelamento nas redes, mas, no silêncio da leitura, à sua própria consciência e trajetória.

Mesmo que Acho use sempre referências e dados históricos da sociedade norte-americana para responder as perguntas que lhe foram feitas e construir seu raciocínio e seus argumentos, é impossível não nos observarmos nos seus exemplos de onde estivermos, em qualquer parte do mundo. Daqui do Brasil, fica ainda mais fácil, já que dividimos com os norte-americanos a mesma vergonha nacional: séculos e séculos de escravidão de africanos tirados à força de suas nações, comunidades e famílias. Como o próprio Acho diz, o vírus do racismo é o mais letal em circulação pelo mundo nos dias de hoje. É por esse vírus que certas estruturas do nosso neocórtex são ativadas, nossa visão é deturpada e começamos a estabelecer barreiras, a dizer "nós" e "eles", a definir amigos e inimigos, identidades e diferenças, gostos e aversões.

Mas já existe vacina para isso. A palavra da moda é empatia, mas há uma expressão em língua portuguesa para defini-la ou, melhor, para substituí-la com mais precisão e... poesia: se colocar na *pele* do outro. Já imaginou?

Quando nos colocamos na pele de alguém, não é possível apenas uma compreensão lógica de raciocínios e argumentos. Na pele, machuca. Quando nos colocamos na pele de alguém, conseguimos desativar o neocórtex. Se uma pessoa branca se colocar na pele de uma pessoa negra, sentirá a mesma raiva por tantas crueldades e injustiças a lhe dar um nó na garganta e revirar suas entranhas. E se uma pessoa negra se colocar no lugar de uma pessoa branca sentirá a mesma vergonha por ter passado tanto tempo reproduzindo falas e comportamentos e usufruindo de privilégios sem se dar conta do quão preconceituosos eram e do quão injusto é o fato de a cor da sua pele ser um "obstáculo" impossível de ser superado. Se as pessoas brancas não têm o lugar de fala para o racismo, que pelo menos saibam vislumbrar o sentimento dessa exclusão secular. Se as pessoas negras ainda têm muita luta pela frente, que possam reunir em torno dessa causa muitos e diversos aliados.

Emmanuel Acho, com seu texto franco, direto e cheio de experiências pessoais e informações, nos olha nos olhos e nos pede exatamente isso: que nos coloquemos na *pele* um dos outros. Ele nos convida a não minimizar questões e a não reforçar estereótipos, aceitando um princípio básico e irrefutável: são séculos de exploração, discriminação e desvantagens sociais as mais variadas impostas às pessoas negras em todas as partes do mundo. E, por mais que saibamos disso, é sempre possível ainda nos surpreendermos com o tamanho da injustiça perpetuada em hábitos, leis e instituições.

Emmanuel Acho nos faz entender que, se quisermos "nos confeiçoar da parte de Deus", precisamos antes de mais nada pensar em *união*. Precisamos, sim, aceitar as nossas diferenças, somá-las umas às outras. Mas precisamos também, e talvez acima de tudo, aceitar as nossas semelhanças. É pelas nossas semelhanças que um vaqueiro do sertão brasileiro, nascido na década de 1920, conversa com um ex-*middle linebacker* dos Cleveland Browns de Ohio e dos Eagles da Filadélfia no século XXI.

Esperamos que você se sente para conversar conosco.

EQUIPE LEYA BRASIL

INTRODUÇÃO

Querido amigo branco ou querida amiga branca, seja bem-vindo ou bem-vinda. Puxe uma cadeira.

Considere este livro um convite para se sentar à mesa. É uma mesa especial, mas não se preocupe, não se trata de um daqueles lugares cheios de frescura onde você precisa ter reservas VIP, mas sim de um lugar onde meus irmãos e irmãs brancos e qualquer pessoa que deseje se juntar a nós podem ficar à vontade. O salão onde fica essa mesa é um espaço seguro, ou seja, um espaço onde você poderá aprender coisas sobre as quais sempre teve dúvida, um lugar onde perguntas que talvez você tenha medo de fazer serão respondidas. Você que não tem um amigo negro na vida, considere-me esse amigo.

Meus braços estão abertos. Meu coração também.

Antes de dar mais detalhes sobre o que esperar do livro, quero compartilhar algumas coisas sobre mim. Eu transitei entre as linhas que separam a experiência de ser branco e a experiência de ser negro durante toda a vida – a começar pelo fato de ser um filho de imigrantes nigerianos que cresceu em Dallas, no estado do Texas, nos Estados Unidos. A vida em minha casa era imersa na cultura nigeriana, em vez da cultura negra norte-americana, que eu só vivenciava aos domingos e às quartas-feiras, na igreja. Meu entorno, por sua vez, era desproporcionalmente branco, desde o meu bairro suburbano de classe alta à escola particular que tive a sorte de frequentar. Virei "Manny" para todos os meus colegas que decidiram que meu nome verdadeiro era estrangeiro demais.

Eu não cresci de forma nenhuma alheio ao racismo. Meu estado natal, como você deve saber, foi onde surgiu o Dia da Libertação, 19 de junho, um feriado que celebra o dia em que os escravos do Texas souberam que tinham sido alforriados – o último grupo de negros a saber disso. É uma data que, entre outras coisas, chama a atenção para a longa história escravagista do estado. Pode não ter havido nenhum soldado da causa perdida da Confederação – que apresentava os ideais confederados como nobres e heroicos e minimizava a importância da escravidão na origem da Guerra Civil Americana (1861-1865) – aterrorizando minha vizinhança, mas desde os nove ou dez anos de idade eu já sabia que havia vivenciado o racismo. Não aquele racismo declarado, com ofensas explícitas ditas bem na sua cara. Era algo mais sutil. Como, por exemplo, as incontáveis vezes em que alguém na escola – da educação infantil, passando pelo fundamental e até o ensino médio – se sentou à minha mesa no almoço e, depois de me ouvir contar alguma façanha do recreio, disse: "Você não fala como um negro", ou "Você nem parece negro", ou "Você não se veste como um negro". Ou então disparou aquele comentário sempre popular: "Você é como um Oreo: preto por fora, branco por dentro".

Eu ficava ofendido, mas ao mesmo tempo pensava: *Será que eles têm razão? Será que não sou negro o suficiente? Obrigado por me dizerem que pareço inteligente... mas então vocês estão querendo dizer que negros não podem ser inteligentes?* Vou lhe dizer: o menino Emmanuel sofria de complexo de identidade.

Você devia ter me visto quando entrei na Universidade do Texas e me dei conta de que estava rodeado por mais negros do que jamais estivera. *Ei*, percebi, *esse é o meu pessoal. Finalmente estou em casa*. Sabem quando o Tarzan finalmente conhece outros humanos e pensa "Ah, eu sou *humano*"? Foi mais ou menos assim. Naqueles anos iniciais da faculdade, compreendi pela primeira vez o que significa ser negro nos Estados Unidos. Parte disso significou perceber como minha infância havia me dado impressões equivocadas sobre meu próprio povo. Eu tinha sido exposto aos mesmos estereótipos sobre os negros que as crianças brancas ao meu redor, e não fiquei imune: eles me deram a impressão de que a única maneira *verdadeira* de ser negro era ser como o rapper Nelly em 2002, sem o Band-Aid no rosto, abaixo do olho esquerdo. Na universidade, finalmente cercado por tantas expressões diferentes de negritude, eu soube que era bom ser do jeito que eu era. Mas comecei a me perguntar: se eu, um negro americano filho de imigrantes, pude aprender a acreditar em coisas distorcidas em tão pouco tempo, imagine só quão mais fácil não deve ser para um branco acreditar nessas coisas?

Hoje, agradeço por todas as minhas experiências, porque cada uma delas foi uma lição diferente. Pergunte a qualquer um: para ser fluente num idioma, ajuda muito estudar no exterior. Estudei espanhol durante os quatro anos do ensino médio, mas nunca fui fluente porque nunca pus os pés em nenhum país de língua espanhola. Bem, minha infância foi um grande estudo no exterior sobre a cultura branca – seguido por estudos no exterior sobre a cultura negra na faculdade e, logo depois, nos meus anos na liga nacional de futebol americano, durante os quais joguei em times com algo entre 80% e 90% de jogadores negros, cada um dos quais tinha sua própria experiência de ser uma pessoa negra nos Estados Unidos. Agora, sou fluente em ambas as culturas: a negra e a branca.

O livro que você está lendo é o modo como desejo usar toda essa perspectiva.

Hoje estamos em meio à maior pandemia dos últimos tempos, que tem o potencial de ser a maior pandemia de todos os tempos. (Meu amigo ou amiga, por favor, use máscara, lave bem as mãos e mantenha o distanciamento social.) No entanto, a pandemia mais duradoura tanto nos Estados Unidos quanto no mundo é um vírus que ataca não o corpo, mas a mente, e se chama racismo. Não sei ao certo se podemos curá-lo por completo, mas também acredito que, se conseguimos em tão pouco tempo encontrar uma vacina para a Covid-19, devemos buscar com igual determinação uma cura para o vírus do racismo e da opressão. "A lógica final do racismo", como disse certa vez Martin Luther King Jr., "é o genocídio". Não quero trazer más notícias, mas vivemos num país e num mundo que precisava do movimento Vidas Negras Importam. E, neste nosso mundo, a simples declaração de que *pessoas que se parecem comigo merecem ser salvas* se tornou polêmica.

Chega. Quero ser um catalisador de mudanças, fazer a minha parte para curar as injustiças sistêmicas que levaram à morte trágica de muitos de meus irmãos e irmãs, que deram origem às prisões abarrotadas, que se multiplicam como cadeias de fast-food, às desigualdades no acesso à saúde e à educação, à imposição de quem pode morar onde e à ignorância enraizada naqueles que não conseguem enxergar além da cor da pele. Acredito que uma parte importante da cura, talvez a parte mais importante dela, é conversar.

Peço que você me dê um segundo para explicar o que quero dizer. Não me refiro a conversar sobre qualquer coisa. Estou falando de um diálogo baseado na confiança e no respeito, repleto de trocas de informação e perspectivas compartilhadas. O objetivo aqui é construir relações e, em última análise, nos ajudar a reconhecer a humanidade uns dos outros. Eu apostaria alguns ingressos para assistir às finais do campeonato de futebol que é difícil, senão impossível, ter pensamentos preconceituosos sobre alguém cuja humanidade você reconhece. E dobraria a aposta: seria necessário iludir a si mesmo ou a si mesma muito mais para discriminar alguém que você respeita o suficiente para ouvir.

Nestas páginas, a única pergunta idiota é a pergunta não feita. Você vai ver que cada capítulo começa com uma pergunta, cada uma delas proveniente de um e-mail real que recebi em resposta à minha série de vídeos (que tem o mesmo título deste livro, caso ainda não tenham assistido a eles). Agradeço por cada uma dessas perguntas, porque, de onde quer que elas tenham vindo, as pessoas que as fizeram tiveram o intuito de aprender.

Se as coisas correrem como desejo, você vai terminar este livro com uma compreensão maior das questões de raça. Vai ter mais empatia e tratar as pessoas com mais tolerância. E, se tiver mais empatia e for mais tolerante, você então será menos preconceituoso ou preconceituosa. E, se for menos preconceituoso ou preconceituosa, é menos provável que seu preconceito se manifeste na forma de racismo.

Hoje há graus de racismo. Se você está lendo isto, imagino que não seja um racista de primeiro grau, que defende teorias de supremacia branca, idolatra líderes racistas, usa capuz branco, empunha tochas e berra insultos raciais. No entanto, talvez você esteja no segundo ou terceiro grau, ou seja, alguém que não é abertamente racista, mas está num espectro que compreende uma pessoa um pouco insensível ou ignorante a respeito das questões raciais e alguém que possui ideias negativas profundamente arraigadas sobre pessoas de outras raças e etnias. Mesmo que não se encaixe em nenhuma dessas descrições, talvez conheça alguém que se encaixa.

***

Pausa. Você se sentiu desconfortável ao ler isso? Veja bem, não vou mentir para você: o desconforto está apenas começando. Vamos falar muito de escravidão. Vamos falar de privilégio. E de conivência. E assim por diante.

Mas sentir-se desconfortável é a ideia. Tudo que é importante nasce do desconforto. Pense a respeito: uma mãe vivencia diversas dificuldades durante nove meses antes de enfrentar uma dor enorme no parto para dar à luz o próximo grande herói e gênio do mundo. Suportei anos e anos de treinos extenuantes, muitos deles sob o sol escaldante, antes de chegar à liga nacional de futebol americano. A maioria de nossas principais conquistas é acompanhada de alguma forma de desconforto. Se realmente quisermos combater esse vírus na ativa há séculos, desde que os primeiros africanos sequestrados desembarcaram no continente americano, então todos teremos que nos esforçar.

Antes de começarmos, algumas ressalvas da minha parte. Não afirmo saber tudo sobre a cultura negra, tampouco falar por todas as experiências negras tanto em meu país quanto no mundo. Estou ciente de que sou homem, de que vivi em bairros ricos e frequentei uma escola particular. Acrescente-se a isso o fato de que venho de um lar de imigrantes de primeira geração, experiência diferente da de uma pessoa negra cuja família vive nos Estados Unidos ou em outros países há gerações. Tudo isso faz com que a minha perspectiva seja particular. Dito isso, sou um homem negro. Vivi nessa condição durante toda a vida, interagindo com pessoas negras (e brancas) ao longo dos meus 29 anos. O que posso fazer é expor o que eu vejo de onde estou.

No poema "Deixem a América ser a América novamente", publicado em 1936, Langston Hughes criticava os Estados Unidos, quase vinte anos antes do movimento pelos direitos civis, por não cumprirem a promessa de serem uma terra para todos. Em 1965, ano da marcha pela ponte Edmund Pettus, em Selma, no Alabama, uma grande quantidade de brancos não estava disposta a fazer dos Estados Unidos o que esse país poderia ser. Na época do levante de Los Angeles, em 1992, muitos brancos ainda resistiam a forjar uma versão de país que fizesse jus a seus princípios fundadores. Em 2016, quando Colin Kaepernick começou a se ajoelhar, os brancos dos Estados Unidos mostraram que estavam drasticamente divididos em relação a aceitar quanto esse país ainda precisa avançar. Estamos em 2020: mais de oito décadas depois do poema de Langston. Na esteira do assassinato devastador de George Floyd, acredito que a maioria dos brancos em todos os países do mundo está pronta para ajudar a construir a humanidade com que sonhamos.

Vai ser necessário o engajamento de todos nós – você, eu, todos – para realizar esse sonho. Você vai precisar ir além de *não ser* racista, para ser *anti*rracista (um termo que existe há décadas, mas que só foi popularizado recentemente pelo estudioso Ibram X. Kendi). Se estiver lendo estas palavras, arriscarei dizer que você realmente está pronta ou pronto. Chegue mais, minha amiga ou meu amigo. Tudo começa com uma conversa desconfortável.

Obrigado por ouvir, compartilhar e acreditar. Vamos mudar o mundo juntos.

Parte I

VOCÊ E EU

"Como abordar a questão da raça com as minorias? Sinceramente, tenho tanto medo de dizer algo errado e ser rotulada de 'racista'. Tenho certeza de que as coisas vão sair da forma errada ou vou parecer ignorante, porque é verdade. Mas como vou aprender se não pudermos discutir?" – Melissa

1.

O JOGO DOS NOMES

Negro ou afrodescendente?

De acordo com meus professores,
Agora sou uma afro-americana.
Eles não me chamam mais pelo meu nome.
NEGRO é um guarda-chuva amplo.
Eu sou uma negra e uma negra para sempre.
Eu sou um dos negros.

GWENDOLYN BROOKS, "I AM A BLACK" [EU SOU UMA NEGRA]

Em 5 de junho de 2020, em Washington, D.C., funcionários municipais pintaram três palavras em letras garrafais na rua que leva diretamente à Casa Branca: VIDAS NEGRAS IMPORTAM. A cidade já havia renomeado esse trecho da Sixteenth Street em homenagem a esse movimento (é o Black Lives Matter Plaza), e agora havia ali um mural de dois quarteirões de comprimento tão grande que era possível enxergá-lo do espaço. O tamanho é importante, mas o cerne da pintura é a linguagem, e a palavra-chave, no caso, é esta: negras.

Vamos falar (muito) mais sobre o movimento Vidas Negras Importam, mas, por ora, sejamos realistas: "Vidas afrodescendentes importam!" como lema simplesmente não tem o mesmo impacto.

Murais gigantes à parte, como você chamaria uma pessoa de ascendência africana: negro, afrodescendente, preto, escuro, pessoa de cor, crioulo? (Tudo bem, eu estava apenas brincando em relação às três últimas. Esses termos não são mais usados.) Realmente importa como você se refere a nós? Quero começar com essa pergunta porque já a ouvi muitas vezes e, se vamos ter uma conversa longa e proveitosa, primeiro quero que você saiba como me identifico. Também quero começar desse ponto porque as definições serão importantes ao longo deste livro – as palavras que usamos têm poder, especialmente no que diz respeito à raça. E nenhuma delas, incluindo essas, é simples.

Vamos passar a limpo

Histórica e atualmente, os negros têm dificuldade em chegar a um consenso sobre como nos descrever como grupo. Nunca devemos esquecer que a maior parte dos afrodescendentes que vivem nos Estados Unidos, e também no Brasil, por exemplo, teve ancestrais que foram levados à força de sua terra natal e destituídos de elementos centrais de sua identidade: laços de parentesco, ligações com uma nação, seu próprio idioma e assim por diante; que eles enfrentaram uma jornada infernal; que, quando chegaram ao continente americano, foram transformados em algo sub-humano – legalmente – e privados das coisas mais importantes que faziam deles quem eram. Nunca devemos nos esquecer do fato de que essa tortura durou centenas de anos e perdurou mesmo depois que a escravidão foi abolida.*

Como parte do processo de se estabelecer após a libertação, os negros emancipados começaram a adotar diferentes rótulos raciais. O primeiro termo amplamente usado foi "pessoa de cor" ou "escuro", porque era aceito tanto por brancos quanto por negros e considerado inclusivo também para aqueles que tinham ascendência racial mista. Esse termo reinou supremo até o início do século XX e ainda pode ser encontrado nos Estados Unidos no nome daquela que provavelmente é a organização negra mais importante de todos os tempos: a National Association for the Advancement of Colored People [Associação Nacional para o Progresso das Pessoas de Cor], fundada em 1909.

A ascensão de figuras negras progressistas nos Estados Unidos, como Booker T. Washington e W. E. B. Du Bois, impulsionou a mudança de "pessoa de cor" para "preto" como termo dominante. Du Bois o considerava filosoficamente mais forte e também mais versátil, uma vez que podia ser usado como substantivo ou adjetivo. Essa denominação perdurou por algumas décadas, do início do século XX até o fim do movimento pelos direitos civis. Um dos principais argumentos contra esse termo acabou prevalecendo: o fato de que foi originalmente imposto pelos brancos aos negros.

Depois do fim da década de 1960, "negro" ganhou espaço. Um dos principais argumentos para usar esse termo era o fato de ele criar

---

* Este não vai ser um livro cheio de notas de rodapé, mas quero dizer logo: embora às vezes na tevê eu use o termo *escravo*, neste livro tive o cuidado de usar a palavra *escravizado* para descrever os negros que foram forçados à escravidão. Existe uma grande diferença entre *escravo* e *escravizado*. Chamar alguém de escravo é como dizer que isso é o que essa pessoa *é*, como se ela tivesse nascido com essa identidade, como se o que está acontecendo com ela estivesse em consonância com o que ela é. *Escravizado*, por outro lado, coloca ênfase no que aconteceu. *Escravizado* diz que os negros não nasceram naturalmente escravos: eles foram forçados à escravidão. *Escravizado* coloca ênfase no que os brancos fizeram com os negros.

um paralelo com "branco". (Que, diga-se de passagem, também é um termo inventado – os imigrantes europeus não chegaram às Américas dizendo "Branco e orgulhoso"!) "Negro" deu origem a expressões como "negro e lindo", "negro e orgulhoso" e grupos como os Muçulmanos Negros e os Panteras Negras, e predominou de modo geral durante os anos 1970 e 1980.

Então, em 1988, líderes negros se reuniram em Chicago para discutir a "Agenda Negra Nacional", ocasião em que alguns deles propuseram substituir "negro" por "afrodescendente" ou "afro-americano". Um desses líderes era o ativista e ex-candidato à presidência Jesse Jackson. (Pois é, Obama não foi o primeiro a concorrer às eleições.) Jackson explicou o pensamento de seu grupo: "Assim como éramos chamados de pessoas de cor, mas não éramos isso, e depois de pretos, mas não éramos isso, sermos chamados de negros é igualmente infundado. Todo grupo étnico nos Estados Unidos tem como referência alguma base cultural. Os afrodescendentes atingiram esse nível de maturidade". Os defensores do uso de "afrodescendentes" em vez de "negro" criticavam "negro" como um rótulo originalmente atribuído pelos proprietários de escravos e também destacavam as associações entre negro e pecado, entre negro e desonestidade, entre negro e falta de virtude, entre negro e diversas conotações negativas. Eles argumentavam que "afrodescendentes", em vez disso, celebrava uma herança cultural.

Nem todos concordaram com essa mudança – incluindo Gwendolyn Brooks, cujo poema "I Am a Black" abre este capítulo. Em 1973, Brooks, a primeira pessoa negra a ganhar um Prêmio Pulitzer (1950), publicou uma coletânea de poemas intitulada *Blacks*. Entre outras coisas, ela gostava de como a palavra "negro" era inclusiva, um "guarda-chuva amplo" para qualquer pessoa com a pele como a dela. Outros que se opunham a Jesse Jackson e sua mudança para "afrodescendentes" ou "afro-americanos" argumentavam que essa era mais uma forma de subjugar os negros: era como dizer vocês não são norte-americanos *norte-americanos*, vocês são um subgrupo. Outros, ainda, achavam que toda essa questão de mudança de nome desviava a atenção dos problemas reais. (Ironicamente, alguns defensores do movimento Vidas Negras Importam criticaram a prefeita de Washington pela enorme pintura, dizendo que ela desviava o foco de seus objetivos de reforma policial.)

Então é nesse ponto que estamos, em termos históricos. Ainda há grupos que defendem o uso de "negros" e aqueles que preferem "afrodescendentes" (tenho quase certeza de que "pessoas de cor" ou "escuros" não voltarão a ser usados, mas nunca se sabe). Talvez você já tenha ouvido também o termo "pessoa não branca": em vez de um sinônimo de "negro", trata-se mais de um sinônimo de "minoria", o termo preferido para se referir a todos os não brancos. Só para constar, prefiro essas denominações a "minoria", porque as pessoas não brancas constituem a maioria global!

Vamos ficar desconfortáveis

Imagino que você pode estar pensando: se os próprios negros não conseguem se decidir, então como e por que os brancos deveriam saber que termo usar? Justo. Mas isso quer dizer apenas que essa conversa é necessária.

Eu fiz o meu próprio caminho. Na infância, em minha casa, me sentia nigeriano, porque era isso que a minha família era – mas fora de casa me sentia negro, pois sabia que era assim que o resto do mundo me via. Eu sabia disso apesar do fato de que, como disse na introdução, não tinha certeza se sabia o que significava ser negro... Tipo, será que eu seria negro o suficiente se ouvisse R&B em vez de Lil Wayne ou Nas? Quaisquer que fossem minhas dúvidas sobre alguns detalhes, a cor da minha pele me tornava um membro vitalício do clube.

Quanto a afro-americano, ninguém personifica essa definição mais do que eu. Mesmo que agora esteja imerso na cultura negra americana, eu tenho mesmo dupla cidadania, americana e nigeriana, e passo algumas semanas por ano na aldeia natal do meu pai (trabalhando numa missão médica). Ainda assim, não me identifico pessoalmente com o termo afro-americano. Se vamos por esse caminho, vamos fazer direito: eu sou nigeriano-americano. Não sou do continente africano inteiro.

Até onde posso falar por qualquer outra pessoa, negro é a escolha mais abrangente. Eis Gwendolyn Brooks novamente, dessa vez em seu poema "Cartilha para negros":

A palavra negro
tem poder geográfico,
atrai todo mundo:
negros de perto...
negros de longe...
negros onde quer que estejam.

A palavra "negro" engloba os descendentes das pessoas que foram trazidas em navios negreiros e forçadas a trabalhar como escravos e também inclui pessoas como meus pais, que imigraram para os Estados Unidos. Abrange todos os negros nesse país e também os une aos afrodescendentes no Brasil, no Caribe, no México (a diáspora) e em outros países para os quais o tráfico transatlântico de escravos levou africanos. É uma descrição de algo que todas as pessoas negras têm em comum.

Não há nenhum rótulo que vá satisfazer a todos (vai saber, talvez haja alguém mais velho que ainda queira ser chamado de "pessoa de cor"), mas geralmente há oportunidade de perguntar à pessoa o que ela prefere. Sim, pode ser desconfortável, mas é a coisa certa a fazer. É também uma decisão que vai poupá-lo de cometer erros, de ofender alguém quando essa não for sua intenção.

Não basta falar

Todos devemos estar o mais bem informados que pudermos. E, para esse fim, em relação à mudança dos termos usados nos Estados Unidos, sugiro a leitura do ensaio do escritor Tom Smith "Changing Racial Labels: From 'Coloured' to 'Negro' to 'Black' to 'African American'" [Mudando os rótulos raciais: de "pessoa de cor" para "preto" para "negro" para "afro-americano"]. E deem uma lida em "The Journey from 'Coloured' to 'Minorities' to 'People of Color'" [A jornada de "pessoas de cor" para "minorias" para "pessoas não brancas"], de Kee Malesky, publicado em npr.org.

E quando estiver em dúvida, repito: é só perguntar. Você se lembra de como era na escola, quando um novo professor perguntava se alguém tinha uma maneira específica de pronunciar o próprio nome ou até se preferia ser chamado de outra forma? Jennifer dizia que preferia ser chamada de Jen. Um cara chamado Fernando dizia que preferia que o chamassem de Flip. Jonathan Jr. queria ser chamado de JJ. E os professores, quando se importavam, escreviam esses nomes no livro de presença e pronto. Não questionavam por que os alunos tinham essas preferências, apenas as respeitavam. A questão sobre usar "negro" ou "afrodescendente" é, em última análise, uma preferência, uma escolha que ajuda a pessoa a apresentar sua identidade ao mundo. Pode ser que nem todas as pessoas que você conhece tenham uma preferência, mas algumas talvez tenham. Confie em mim, as palavras importam.

"Quais as melhores maneiras de identificar e se livrar do nosso preconceito implícito?" – Patrick

2.

O QUE VOCÊ VÊ QUANDO ME VÊ?

Preconceito implícito

O preconceito é um compromisso emocional com a ignorância.

NATHAN RUTSTEIN

Em 2015, o lançamento do aplicativo de armazenamento de fotos do Google enfrentou um grande problema de racismo. O aplicativo tinha um recurso que sugeria marcações para objetos e pessoas, distinguindo-as com um código para "reconhecer" rostos. Um usuário, o programador de computador negro Jacky Alciné, encontrou um erro grave: o aplicativo marcava sistematicamente ele e sua namorada como "gorilas".

Alciné publicou um tuíte alertando o Google sobre o erro, o que lhe rendeu um rápido "Isso REALMENTE não está certo" do chefe do departamento de desenvolvimento humano da empresa. A marcação em si pode parecer engraçada até você lembrar que os negros foram insultados por muito tempo como "macacos" e também "gorilas" – ou seja, maneiras de dizer "sub-humanos". Agora, supondo que os engenheiros do Google não estivessem tentando adicionar uma mensagem cifrada racista ao aplicativo de fotos, por que isso estava acontecendo? Por que os brancos não estavam sendo marcados como ursos-polares?

A resposta breve é que o algoritmo de reconhecimento facial foi desproporcionalmente codificado e testado com rostos brancos. Ele não reconheceu rostos negros porque ninguém pensou em ensiná-lo a fazer isso.

A resposta longa é algo chamado *preconceito implícito*.

Deixe-me primeiro salientar que todos nós temos preconceitos implícitos, inclusive eu. Eles não são apenas sobre raça – são quaisquer julgamentos automáticos em relação a todas as diferenças superficiais entre as pessoas. E não me entenda mal: você não deve se martirizar por cada pensamento ou decisão preconceituosa. Se quando vê um palhaço você pensa PERIGO, saiba que não é o único ou a única. Ao mesmo tempo, você é responsável por seus preconceitos, pelo simples fato de que existem maneiras de torná-los mais conscientes. E, quando uma ideia se torna consciente, você pode mudá-la.

Vamos passar a limpo

Num artigo publicado em 2016 e intitulado "Whitened Résumés: Race and Self-Preservation in the Labor Market" [Currículos embranquecidos: raça e autopreservação no mercado de trabalho], professores de Harvard, Stanford e da Universidade de Toronto apresentaram as conclusões de um estudo conduzido ao longo de dois anos sobre o efeito de pessoas não brancas usarem nomes "embranquecidos" no currículo ("Lamar J. Smith" tornou-se "L. James Smith", por exemplo). Vou lhe dar uma chance de adivinhar o que os pesquisadores descobriram. Isso mesmo: os candidatos com nomes que soavam "brancos" tinham mais chances de ser chamados para a entrevista. E não era uma diferença pequena. Eles tinham quase o *dobro* de chances de serem chamados.

Para piorar a situação, a pesquisa mostrou que as empresas que se autopromoviam como pró-diversidade discriminavam tanto quanto as outras, e às vezes até mais! Eis a prova do preconceito implícito: quando uma empresa se considera uma "empregadora que promove a igualdade de oportunidades" ou se esforça para dizer que "as minorias são fortemente encorajadas a se candidatar", ela pode estar mentindo *sem nem mesmo se dar conta*. Os candidatos negros se imbuem da falsa confiança de que não há problema em revelar sua raça no currículo e, em seguida, bum!, são vítimas de uma rejeição preconceituosa logo de cara, enquanto a empresa pró-diversidade X se pergunta por que ainda tem tão pouca diversidade entre seus funcionários.

Como você provavelmente já sabe, o que uma pessoa diz não é necessariamente um bom indicador do que ela pensa ou sente, nem de como vai se comportar. Qualquer um pode agir com base em preconceitos – discriminação e estereótipos – sem ter consciência de que é isso que está fazendo. Mas assim como acontece com os empregadores que "promovem igualdade de oportunidades", uma vez que o preconceito influencia nosso pensamento ele pode levar ao racismo explícito e à intolerância.

Alguns dos nomes de bebê mais populares para meninos e meninas negros nos Estados Unidos recentemente foram Jevonte, Kyrone, Tamika e Shantel. Posso apostar que esses nomes não teriam se saído bem no estudo que mencionei. Algumas pessoas poderiam dizer que é só a chamada para uma entrevista, mas pense em todas as coisas que podem acontecer como resultado de se ter apenas *metade* da probabilidade de ser chamado para ela. Isso significa períodos mais longos de desemprego. Mais desemprego significa maior risco de ficar sem moradia. Pense no que o desemprego faz com a autoestima de uma pessoa, com sua saúde mental. Pense no fato de que, sem emprego, provavelmente não haverá plano de saúde ou um bom plano de saúde. E o que dizer de sentir que seu nome é a causa dos problemas na sua vida?

Você está começando a entender como uma reação automática pode ser prejudicial?

A desvantagem no mercado de trabalho é apenas uma das manifestações do preconceito implícito. Ele também é comum em outros lugares. Você já ouviu falar de "dirigir sendo negro"? Ou como pode ser difícil para uma pessoa negra pegar um táxi? Trata-se de velhos clichês que têm motivo: pessoas negras são paradas pela polícia com muito mais frequência do que pessoas brancas e precisam lidar todos os dias com o tipo de julgamento rápido que um motorista de táxi faz. Esses pequenos desrespeitos acontecem constantemente e são exaustivos.

Nos hospitais, o preconceito pode literalmente determinar se uma pessoa vive ou morre. De acordo com *Eliminating Racial Disparities in Maternal and Infant Mortality* [Eliminando as disparidades raciais na mortalidade infantil e materna], relatório publicado em 2019 pelo Center for American Progress, nos Estados Unidos, as mulheres negras em todo o espectro de renda e de todas as profissões morrem de complicações evitáveis relacionadas à gravidez a uma taxa de três a quatro vezes – REPITO: DE TRÊS A QUATRO VEZES! – maior que a das mulheres brancas não hispânicas. A taxa de mortalidade de bebês negros é duas vezes maior que a de bebês nascidos de mães brancas não hispânicas.

Se presumirmos que os médicos e enfermeiros do país têm boas intenções, o que está acontecendo? Há muito que as mulheres negras são consideradas capazes de suportar dores físicas mais intensas, recebem assistência médica menos cuidadosa, completa e minuciosa e não são tratadas com dignidade pelos profissionais de saúde. Esses fatores criam uma cadeia de processos biológicos conhecidos como *intemperismo*, que deteriora a saúde física e mental das mulheres negras e está literalmente matando seus bebês. E uma das principais razões para isso acontecer é o preconceito implícito.

Não me entenda mal – dizer que essas disparidades se devem ao preconceito não é uma forma de dizer que se devem ao racismo. Novamente, preconceitos inconscientes podem se manifestar na forma de ações racistas, esse é o problema. Mas acho que é importante começar neste ponto com o fato de que uma pessoa nem mesmo precisa saber que está sendo racista para que o dano seja feito.

Vamos ficar desconfortáveis

Quais são seus preconceitos implícitos contra negros e pessoas de outras raças? Como esses preconceitos influenciaram a sua tomada de decisão, a forma como você trata as pessoas?

Vou começar por mim. Muito tempo atrás, eu praticava atletismo, e ainda amo uma boa corrida. Então, no ano passado, eu estava assistindo ao campeonato estadual das escolas de ensino médio do Texas e acabamos chegando à final dos cem metros. Todas as oito raias estavam ocupadas com adolescentes negros como eu esperava – exceto a raia quatro. "Matthew Boling?" Quem era aquele cara branco e magro? Eu sabia que ele era o favorito, porque a raia quatro é sempre reservada para o competidor que tinha sido mais rápido nas eliminatórias, mas minha mente se voltou imediatamente para a brincadeira (com fundo de verdade) que os velocistas negros da minha equipe faziam: "Pegue aquele cara branco".

Como era de se esperar, o tal Boling acabou estabelecendo o recorde da competição, empatando com o recorde estadual do Texas para os cem metros. *Touché*, minha amiga ou meu amigo.

Tenho certeza de que falar sobre essas coisas pode ser desconfortável para você. Especialmente se você se considera uma boa pessoa, se não se considera racista e quer tratar as pessoas de maneira justa. Mas esse é mais um motivo para discutir seus preconceitos, aprender sobre eles, criticá-los, tentar descobrir de onde eles vêm. Gosto de usar a expressão "estado de negação" quando nem mesmo nos damos conta de que estamos mentindo para nós mesmos. Então, amigos brancos, a primeira forma de acabar com o racismo é sair desse estado de negação e entender que, peraí, talvez você tenha mentido para si mesmo sobre a existência do racismo esse tempo todo. Você precisa de uma voz dissonante em sua mente quando perceber que seu monólogo interno o está levando a tomar uma decisão preconceituosa ou a fazer um julgamento preconceituoso contra pessoas negras. Todo mundo, e quero dizer todo mundo mesmo, tem preconceitos. É função das pessoas empáticas e ponderadas não deixar que esses preconceitos ditem ações que prejudiquem os outros.

Não basta falar

"Muito trabalho sendo feito e muito trabalho ainda por fazer", tuitou Yonatan Zunger, chefe de desenvolvimento humano do Google em 2015. "Estamos muito empenhados nisso." Depois de tentar sem sucesso corrigir o algoritmo que rotulava pessoas negras como gorilas, a empresa removeu por completo o rótulo de gorila. Eles ainda estão trabalhando numa maneira de reconhecer melhor todo o espectro de rostos humanos. Eis aí uma lição para aqueles de nós que não são gigantes da tecnologia de bilhões de dólares: evitar publicidade negativa pode ser mais fácil do que corrigir a raiz do problema.

Para vencermos nossos preconceitos implícitos, temos que falar aberta e honestamente sobre eles. A ideia das conversas desconfortáveis é abordar esse tipo de pensamento, falar abertamente sobre ele. Não podemos deixar que essas ideias supurem em silêncio.

Então que estratégias podemos usar para reduzir preconceitos implícitos?

Uma maneira de fazer isso é passar algum tempo com pessoas de diferentes grupos sociais, raciais e étnicos. Quando participar de congressos profissionais, se matricular numa academia ou aula de ginástica, fizer um curso, caminhar pelo seu bairro, observe as pessoas negras nesses lugares e tente entrar em contato com elas e conversar um pouco. Ou até mesmo se sente num daqueles assentos com frequência vazios num ônibus ou no metrô, ao lado de um homem negro e, de novo, puxe conversa. Quanto mais você se aproximar, mais fácil vai ficar, eu prometo.

Outra maneira é parar de celebrar a atitude de "não vejo cor ou raça". O casal Chip e Joanna Gaines, estrelas do reality de reforma *Do Velho ao Novo*, foram ao meu programa no início de 2020 e me disseram que um dia pediram aos cinco filhos que se imaginassem diante de dois homens desconhecidos, um negro e um branco. E perguntaram a eles se o negro os deixaria mais nervosos? Todas as crianças responderam que não, e muito rapidamente, e os Gaines interpretaram isso como prova de que seus filhos não levavam em conta a cor, de que eles não "viam raça". Isso não é uma coisa boa?, perguntaram eles. A resposta, na verdade, é não. Isso não apenas ignora a diferença entre a experiência de ser negro e a de ser branco (mais sobre isso ao longo do livro), mas também fornece um terreno fértil para que preconceitos implícitos cresçam sem serem reconhecidos e corrigidos.

Em vez de não enxergar a cor das pessoas, pense consigo mesmo. Tente identificar seus preconceitos e analisá-los cuidadosamente. Se não sabe quais são, pode começar fazendo um teste de preconceito implícito (você pode encontrar um neste link: https://implicit.harvard.edu/implicit/brazil/takeatest.html). Preste atenção especial aos seus preconceitos quando estiver estressado ou estressada, pois é quando eles têm mais probabilidade de aflorar sem que você perceba. Tanto quanto possível, tente imaginar que você é uma pessoa negra – considere as coisas da perspectiva de alguém que você sabe que está sujeito a discriminação ou estereótipos.

Evite classificar as pessoas em grupos de modo geral. Encare as pessoas como indivíduos. Reafirme suas particularidades e diferenças. É isso que nos torna humanos. Em seu trabalho, na escola ou em qualquer outra instituição à qual pertença, apoie medidas voltadas para a diversidade – assim como medidas de responsabilização. É como aquele alerta no metrô em Nova York: se vir algo, faça algo.

"Você acredita que, com o tempo, o privilégio branco possa ser eliminado? Porque, quando penso sobre o privilégio branco, me sinto culpada e com vergonha." – Maria

3.

A FALSA LARGADA

Privilégio branco

A raça não existe realmente para você pois nunca foi uma barreira. Os negros não têm essa escolha.

CHIMAMANDA NGOZI ADICHIE, AMERICANAH

Digamos que você e eu estejamos disputando uma corrida e o juiz de linha me segure nos primeiros duzentos metros, dando a você uma vantagem. Se isso acontecesse, a única maneira de equilibrar a corrida seria impedir você de correr no momento em que eu começar a correr, ou me dar uma bicicleta para alcançá-lo. Em poucas palavras, isso é o privilégio branco. Depois de um tempo, todos disseram aos negros "Vai, agora vocês estão livres para correr" e passaram a agir como se fosse uma corrida justa. Mas, na verdade, os negros foram retidos por centenas de anos. E ainda são.

A Proclamação de Emancipação de Lincoln foi o tiro de largada nos Estados Unidos. "Tudo bem, pessoas negras, vocês estão livres, comecem a correr. Ah, uma coisa: sei que prometemos a vocês 'quarenta acres e uma mula', mas na verdade vamos devolver essa terra para os brancos que começaram essa guerra. Além disso, prestem atenção nos obstáculos; aqui estão as leis que vão dificultar a votação para vocês e as práticas fundiárias que vão mantê-los pobres e endividados, trabalhando por gerações como arrendatários na terra que lhes foi prometida." Então, no início do século XX, dissemos: "Sim, sabemos que criamos leis para mantê-los segregados, mas, negros, continuem correndo. Vamos, nos alcancem". Aí, no fim da década de 1960, dissemos: "Tudo bem, negros, agora vocês podem realmente correr, assinamos a Lei dos Direitos Civis e a Lei dos Direitos de Voto. Corram mais e mais rápido (já vimos quão rápido vocês podem correr) e nos alcancem se puderem". Lyndon B. Johnson expressou isso melhor: "Você não pode manter uma pessoa agrilhoada e acorrentada por centenas de anos, libertá-la para competir livremente com as outras e ainda assim acreditar legitimamente que agiu de forma justa".

Talvez você esteja se perguntando: "Ok, a história foi assim, mas e agora? E os pobres brancos, como eles ainda podem ser 'privilegiados'? E os negros ricos e poderosos? Ainda são *des*privilegiados?"

A resposta curta é: lembre-se do que eu disse sobre a corrida. Ela começou há muito, muito tempo e não há uma nova largada. Além disso, o privilégio branco tem como base a palavra *branco*, não a palavra *rico*. É ter uma vantagem embutida na sua vida. Não quer dizer que sua vida não seja difícil. Quer dizer que a cor da sua pele não contribuiu para as dificuldades que você enfrentou.

Vamos passar a limpo

Embora o termo já existisse antes dela, foi a acadêmica Peggy McIntosh que deu início a uma ampla discussão em torno do privilégio branco com seu ensaio pioneiro "White Privilege: Unpacking the Invisible Knapsack" [Privilégio branco: desfazendo a mochila invisível], publicado em 1988. McIntosh define o privilégio branco como "um pacote invisível de recursos não conquistados com os quais posso contar todos os dias, mas aos quais eu 'deveria' permanecer alheia. O privilégio branco é como uma mochila invisível e sem peso com provisões especiais, mapas, passaportes, livros de códigos, vistos, roupas, ferramentas e cheques em branco".

Então o que exatamente significa toda essa tralha na mochila? Para muitos brancos, o privilégio branco é o poder de se sentir normal. É a reafirmação silenciosa de poder entrar numa loja e ver que suas principais vitrines estão repletas de produtos que atendem aos brancos. É a possibilidade de ligar a tevê e ver pessoas que se parecem com você representadas em todas as esferas da vida. É passar pelos escritórios da diretoria no trabalho e ver alguém que, algum tempo atrás, poderia ser você, e quem sabe encontrar mentores que "se veem em você". É nunca se perguntar se o nome em seu currículo é "branco demais"; é falar como o âncora do seu telejornal local fala, do jeito que as autoridades no assunto determinam que é "padrão" ou "adequado". É algo tão simples como ter um Band-Aid ou um tom de base da cor da sua pele. É nunca ter sido aquele que o aplicativo de fotos confunde com um gorila.

A meu ver, é como jogar em casa aonde quer que você vá. Você sabe que as pessoas vão estar torcendo por você e que quase todos nas arquibancadas querem que você vença. Todos estão prontos para lhe dar conselhos. Todo mundo gosta do seu uniforme, e você tem capacete, protetores e chuteiras novos – todo o equipamento de que precisa para ter sucesso. Você está pronto para vencer.

Enquanto isso, para a equipe visitante, tudo é de segunda mão.

Outra parte do privilégio branco é o onipresente benefício da dúvida. É a segurança de transitar pelo mundo sem ter seu perfil traçado, sem se preocupar que a polícia possa agredi-lo ou fazer coisa pior só por causa da cor da sua pele. É a dádiva de sua aparência não ser a razão pela qual alguém desconfia de você financeiramente, e aí não mostra a você o melhor apartamento ou não lhe concede um empréstimo. É nunca se preocupar que um protesto, uma gangue, um criminoso, um *qualquer coisa* possa significar mais preconceito contra você também.

Quando você é acusado ou acusada de um crime, há a presunção de inocência até que se prove o contrário, e há presunção de inocência às vezes mesmo depois que ficar provada a sua culpa. É ver exibida uma foto de formatura do ensino médio na qual você aparece sorridente, se alguma vez aparecer no noticiário por ter relação com um crime grave. Para voltar a um jogo hipotético, é como se os árbitros estivessem do seu lado. Se houver uma decisão que pode pender para um lado ou para o outro, você tem quase certeza de que vai pender para o seu. E os árbitros talvez até burlem as regras para favorecê-lo.

Tudo bem, vou parar com as analogias esportivas. Mas você entendeu o que eu quis dizer. Vamos nos aprofundar mais sobre como isso fica evidente na aplicação da lei, mas deixe-me citar um dos casos mais infames de "benefício da dúvida" da história. Em 1955, Carolyn Bryant Donham afirmou que Emmett Till, um adolescente negro de quatorze anos, a agarrou, a ameaçou e fez um comentário sexualmente ofensivo sobre ela. A comunidade branca da qual fazia parte acreditou nela, e Till foi caçado, espancado até ficar desfigurado, baleado na cabeça, amarrado com arame farpado a um descaroçador de algodão e jogado no rio Tallahatchie, no Mississippi.

Nada do que ela disse era verdade. Donham mentiu, pura e simplesmente. Se não tivesse mentido, Till poderia ser um avô feliz hoje; em vez disso, ele é símbolo do privilégio branco transformado em arma. No que está longe de ser uma nota de rodapé histórica, em setembro de 1955, um júri inteiramente branco absolveu os dois homens brancos que mataram Till. Numa entrevista pública poucos meses depois, eles admitiram o assassinato, sabendo que não poderiam ser julgados novamente por um crime do qual já haviam sido absolvidos. No que está beeeem longe de ser uma nota de rodapé, Donham voltou atrás em sua história em 2017.

Agora imagine saber de tudo isso e transitar pelo mundo sendo alguém como eu. Imagine contar os segundos toda vez que uma mulher branca atravessa a calçada ou fica sozinha no elevador com você imagine ter que desviar o olhar para não deixar uma pessoa branca desconfortável ou mudar o passo na frente da polícia. Imagine sempre ter que ficar alerta para ver se não está sendo considerado uma ameaça ou se está de alguma forma contribuindo para a imagem ou ideia negativa que uma pessoa branca tem de você. Veja, eu pratiquei muitos esportes e, acredite, nenhum treinamento se compara à exaustão de ter que viver a vida dessa maneira o tempo todo, não pela duração de uma partida, mas nas cerca de dezesseis horas que passo acordado todos os dias da minha vida.

E para abordar a questão de ricos *versus* pobres, sim, há brancos pobres e, sim, há negros ricos. Mas vamos expandir os horizontes: o privilégio branco também é econômico. Nos Estados Unidos, o patrimônio líquido médio de uma família branca típica em 2016 era de 171 mil dólares, quase dez vezes maior do que o patrimônio líquido de uma família negra, que era de 17.150 dólares. DEZ... VEZES... MAIOR. Dito de outra forma, nos Estados Unidos, os negros possuem cerca de um décimo da riqueza dos brancos. E veja só: a disparidade de riqueza persiste independentemente da educação, do estado civil, da idade ou da renda dos membros da família.

Agora me diga se a corrida é justa.

Vamos ficar desconfortáveis

Deixe-me começar dizendo que sei que tenho meus próprios privilégios. Eu sou homem, para começar, e temos oprimido as mulheres desde as civilizações mais primitivas. Não tenho nenhuma deficiência. Venho de uma sólida família de classe média. Fui jogador profissional de futebol americano. Todas essas coisas me garantem privilégios no mundo. Não estou dizendo que um negro não possa ter privilégios ou que um branco não precise conquistar nada na vida. O que estou dizendo é que a cor da pele de uma pessoa branca não é o que contribui para impedi-la de progredir e que, para todos os negros, a cor da pele contribui para as dificuldades enfrentadas na vida, não importa quais sejam os outros privilégios de que possam desfrutar.

A conversa sobre o privilégio branco aqui nos Estados Unidos é uma conversa difícil porque todos queremos acreditar no sonho americano. Queremos acreditar que somos ao mesmo tempo uma democracia e uma meritocracia, onde a vida de todos é resultado de seu próprio trabalho árduo e de suas ambições. Eu acreditava exatamente nisso, até fazer o mestrado e cursar uma matéria chamada Determinantes Sociais da Saúde. Só então percebi que não apenas algumas pessoas não começam do zero, mas muitos negros começam no negativo. E isso não é justo.

Suponho que se você é branco ou branca, e prestou alguma atenção no que leu até aqui, já deve ter percebido que a desculpa da ignorância vai se tornando menos viável a cada página. Não entre em pânico. Isso é uma coisa boa.

Não basta falar

É possível eliminar o privilégio branco? Compensar uma vantagem de séculos?

Nenhum país vai mudar de forma significativa até que a maioria de seus cidadãos brancos reconheça e enfrente seu privilégio branco. Vamos praticar. Você, cara leitora ou caro leitor, desfruta do privilégio branco. Tudo bem. Apenas pense nisso por um minuto: aceite esse privilégio. Seu desconforto significa que o remédio está fazendo efeito. Agora, da próxima vez que alguém chamar sua atenção para isso, não se desvencilhe desse momento ou, como costumávamos dizer, não leve a bola embora. Em vez disso, concentre-se no que uma pessoa negra pode estar sentindo. Aprenda quando é hora de ouvir atentamente, quando é hora de ser um megafone para as vozes dos negros e quando é hora de intervir e se posicionar. Se as pessoas brancas são o problema, elas precisam fazer parte da solução. É nisso que acredito.

Mais uma coisa para você pensar. Certa vez tive uma conversa com Carl Lentz, pastor de uma igreja em Nova York (esse meu irmão é um dos pastores mais descolados que há), sobre o privilégio branco, e ele compartilhou comigo uma conversa que teve com um homem branco. "'Isso simplesmente não é verdade'", disse Carl, citando o homem.

"Tudo bem", respondeu Carl. "Digamos que não seja verdade. Digamos que eu esteja errado sobre o privilégio branco, mas que eu acredite nele. Significa que terei passado minha vida abrindo os olhos das outras pessoas. Garantindo que todos os outros tenham a primeira oportunidade e eu, a segunda. Me certificando de que as pessoas que não estão incluídas sejam incluídas." Se ele descobrisse que no fim das contas estava errado, ainda poderia se orgulhar de uma vida inteira de boas ações.

Por outro lado, Carl disse ao homem: "Se no fim da vida você descobrir que estava errado, que o privilégio branco era verdadeiro e que você não o reconheceu, isso significa que você terá passado a vida inteira pisando em outras pessoas. Mesmo que eu esteja errado, meu errado é melhor do que o seu errado. O que você tem a perder?"

A todos os meus leitores que estão em dúvida se o privilégio branco é verdadeiro, eu faço a mesma pergunta que Lentz fez ao homem branco cético: o que você tem a perder se acreditar nele?

“Se existe um penteado ou um estilo de modo geral que alguém acha bonito e quer experimentar, mas esse penteado ou estilo é visto principalmente em mulheres ou homens negros, usá-lo é sempre uma apropriação cultural?” – Kerri

4.

CITE SUAS FONTES OU ABANDONE A AULA

Apropriação cultural

Como os Estados Unidos seriam se amássemos os negros tanto quanto amamos a cultura negra?

AMANDLA STENBERG

Alguns meses atrás, Kim Kardashian postou vídeos dela mesma no Instagram usando um monte de tranças com contas brancas. Alguns de seus seguidores não gostaram nem um pouco:

"Você não é negra!"

"Ei, é melhor você parar de usar isso."

"Como ela pode continuar fazendo essas coisas e se safar?"

Kim K havia tentado "se safar" antes, quando, num agora infame vídeo do Snapchat, ela apareceu num carro falando sobre quanto amava suas "tranças Bo Derek" recém-feitas. A internet criticou fortemente a postagem, apontando que suas tranças na verdade não eram "Bo Derek", mas sim tranças fulani, cujo padrão copiava o estilo da tribo fulani da África Ocidental. (Se você é muito jovem para saber quem é Bo Derek, pesquise sobre ela – basta dizer que ela não é da África Ocidental.) Os negros no Twitter ficaram furiosos porque Kim não apenas se apropriou de um penteado negro, mas também deu crédito a uma mulher branca por ele. Isso é o que eu chamo de colocar o dedo na ferida.

Deixe-me explicar de outra forma. Quando eu estava na faculdade, meus professores nos alertaram sobre o plágio: usar palavras ou ideias de outra pessoa sem dar o devido crédito. Plágio não era apenas considerado errado, era uma infração que acarretava sérias consequências, inclusive a expulsão da faculdade. Embora possa ser verdade que a imitação é a forma mais sincera de elogio, plágio não é elogio – é roubo. É não fazer nenhum trabalho e levar todo o crédito. É não saber e não se importar com que tipo de esforço foi dedicado à criação de outra pessoa, e usá-la para obter boas notas – ou alguns milhares de curtidas no Instagram.

Tomar emprestadas as influências da cultura negra não é um problema em si ou por si só. O problema surge quando você pega algo emprestado de uma cultura sem citar as fontes e/ou sem conhecer sua história. Contanto que faça essas duas coisas, na maioria dos casos não há problema. (Palavra-chave: *maioria*.)

Então, quando algo deixa de ser homenagem, influência criativa ou elogio e se torna o tipo de cópia ruim – o reino da apropriação cultural? Quando os brancos devem ser questionados por tomarem parte em culturas que não são deles – e quando uma trança é apenas uma trança?

Vamos passar a limpo

Na década de 1830, um ator branco chamado Thomas "Daddy" Rice teve uma ideia brilhante. Depois de testemunhar um ex-escravizado cantando uma música chamada "Jump Jim Crow", ele criou o personagem que o tornaria famoso: uma caricatura ficcional de um escravizado desajeitado e estúpido chamado Jim Crow. Rice fazia o *blackface*, pintava o rosto de um preto cor de alcatrão, desenhava lábios vermelhos exagerados e realizava uma "apresentação teatral" cômica na qual zombava das pessoas negras. Seu show fez grande sucesso entre o público branco dos Estados Unidos, chegando até a Grã-Bretanha. Não demorou muito para que outros menestréis brancos começassem a zombar dos negros e da cultura negra e fossem celebrados por isso.

Você talvez não saiba que rumo o tal do Jim Crow tomou a partir daí, mas vou lhe contar: Jim Crow virou o nome das leis que mantiveram a segregação no Sul dos Estados Unidos até os anos 1960. Foi uma cruel piada centenária à custa dos negros. E talvez você também não saiba que rumo o *blackface* tomou a partir daí, porque ainda estamos falando sobre ele. A lista de figuras públicas brancas envolvidas em escândalos de *blackface* não para de crescer e, embora pudéssemos perder tempo listando todos os infratores surpresa, o ponto mais importante é que é por *isso* que você sempre precisa conhecer a história antes de tomar alguma coisa emprestada da cultura negra ou de qualquer outra cultura. Você pode achar que está se comportando apenas como um fã ao reproduzir o visual de Beyoncé no Halloween, mas o que seu rosto escurecido evoca para muitos negros é o espírito de Thomas Rice e suas apresentações de cunho racista. (E, só para deixar claro, o *blackface* é um daqueles casos em que conhecer a história não faz com que isso seja aceitável.)

O intercâmbio de ideias, estilos e tradições é um dos princípios de uma sociedade multicultural moderna. É parte de como crescemos, aprendemos, avançamos. A apropriação cultural, no entanto, é algo bem diferente. A apropriação cultural acontece quando os membros de um grupo dominante – nos Estados Unidos, os brancos – se apropriam de elementos da cultura de um povo destituído de poder. É problemática por uma série de razões. Para começar, ela banaliza a opressão histórica. Também permite que as pessoas professem amor por uma cultura ao mesmo tempo que continuam sendo preconceituosas em relação às pessoas que são parte dessa cultura, e permite que os privilegiados lucrem com o trabalho dos oprimidos. Além disso, pode perpetuar estereótipos racistas.

Vamos examinar mais alguns exemplos. Pense em Little Richard inventando o rock and roll e Elvis sendo considerado o "rei" desse gênero musical. Pense no jazz se desenvolvendo na comunidade negra e Kenny G sendo possivelmente o artista de jazz mais famoso da atualidade. Pense no nascimento do hip-hop no Bronx, como uma forma de arte destinada a chamar a atenção para a luta das pessoas não brancas e, anos depois, o artista de rap mais vendido de todos os tempos ser Eminem. Ainda não está convencido da onipresença da apropriação cultural? Deixe-me lembrar a você de Blake Lively exibindo suas curvas em Cannes em determinado ano e postando fotos com a legenda "rosto de L.A. com bunda de Oakland". Para quem não sabe, Oakland, na Califórnia, é a cidade onde surgiram os Panteras Negras, hoje considerada a de maior diversidade do mundo. Pense no mascote culturalmente insensível da equipe de futebol americano Washington Redskins [peles-vermelhas de Washington]. Parabéns ao time por ter mudado seu nome para Washington Football Team em 2020. Pense também no da equipe de beisebol Cleveland Indians [índios de Cleveland]. Parabéns à equipe por considerar uma mudança de nome e por já terem se livrado do mascote, o chefe Wahoo. O esporte é um dos principais culpados, mas as grandes marcas de moda também têm cometido suas infrações. Basta ver a Gucci vendendo um lenço de cabeça chamado Indy Full Turban [turbante indiano volumoso]. Basta ver a Prada vendendo um chaveiro com uma caricatura de *blackface*. Basta ver uma modelo da Burberry desfilando pela passarela com uma corda de forca em torno do pescoço. Sim, uma corda de forca! E assim por diante.

Vamos ficar desconfortáveis

A conversa sobre apropriação cultural é sempre uma conversa incômoda. Pense em por quanto tempo os negros foram humilhados nos Estados Unidos. Pense em por quanto tempo sua maneira de falar, seu corpo, a cor de sua pele e sua cultura foram vistos como inferiores. Agora imagine como é doloroso ver essas mesmas características serem apropriadas por pessoas brancas e celebradas como delas. (Sem querer implicar com Kim K, mas nossa amiga também levou o crédito por dar início à corrente do "traseiro avantajado" – algo pelo que as mulheres negras foram desmerecidas por muito tempo e que, de repente, pertence a todo mundo agora que é popular.) É preciso conversar sobre o que é e o que não é apropriação cultural, sobre a história daquilo que está sendo apropriado, sobre como isso faz pessoas há muito marginalizadas se sentirem.

Olha, eu entendo o que você quer – talvez eu seja parcial, mas os negros produziram muitas das músicas mais legais, muitos dos melhores looks, muitos dos atletas mais incríveis. Modéstia à parte, há pessoas negras brilhantes e criativas em todas as esferas da vida estadunidense, pessoas que vêm realizando um trabalho brilhante e criativo há gerações, claro que sim. O objetivo ao soar o alarme sobre a apropriação cultural não é impedir ninguém, nem mesmo os brancos, de celebrar a cultura negra. Mas é preciso celebrá-la como *cultura negra* – não se apropriar dela como se fosse sua. O desconforto surge nas áreas nebulosas, eu sei. Apenas acredite em mim: perguntar mais, fazer mais o dever de casa, é sempre melhor do que plagiar.

Não basta falar

Se você está interessado ou interessada em aspectos da cultura negra, em tranças ou outro penteado, em usar moda étnica, em ouvir música negra, ler literatura escrita por pessoas não brancas ou assistir a filmes baseados em outra cultura, você precisa fazer o dever de casa. Aprenda mais sobre a gênese da cultura com a qual deseja se envolver. Se quiser usar tranças, tudo bem. Mas pesquise de onde elas vieram. Seja capaz de falar sobre isso. Isso vai impedir que atribuam a Bo Derek – uma mulher de apenas 63 anos de idade – um estilo que existe há centenas, senão milhares, de anos. Não estou dizendo que todo mundo precisa se tornar historiador, mas quando não tiver certeza de algum aspecto da cultura negra, converse sobre isso com pessoas que entendam do assunto. Sim, pode ser desconfortável, mas há uma grande chance de também ser esclarecedor.

Algumas dicas. *Blackface* nunca é aceitável, por nenhuma razão. Evite adotar qualquer estereótipo étnico: poderíamos passar o dia falando dos detalhes, mas basicamente se o que você busca se baseia em evocar uma raça que não é a sua, não o faça. E, por favor, pense *muito* sobre adaptar artefatos culturais sagrados. Nada de cintos indígenas ou turbantes sikh, por favor. Por fim, tente se envolver com as culturas além do nível estético. Se o primeiro objetivo aqui é deixar de ser ignorante, o segundo objetivo é simplesmente aprendermos mais uns sobre os outros. E isso pode ser muito divertido.

"Infelizmente, encontrei muitos negros que parecem obstinados em responsabilizar toda pessoa branca pela história da escravidão, do racismo e da desigualdade. Que não estão dispostos a ser generosos quando fazemos perguntas para tentar entender como podemos melhorar. Eles são raivosos, e não estou dizendo que não tenham justificativa para isso – a raiva é uma forma de luto e é permitida até certo ponto dentro da lei. Mas, se quisermos realmente seguir em frente, esse é um problema óbvio." – Amy

5.

O EU MÍTICO

Homens negros raivosos

Ser negro e ser relativamente consciente neste país é estar com raiva quase o tempo todo.

James Baldwin

Em seu artigo "The Myth of the Dangerous Black Man" [O mito do homem negro perigoso], Laurie Cassidy convida os leitores a fazer um exercício mental. Imagine-se caminhando por uma rua escura da cidade à noite, escreve ela, e de repente você se depara com três jovens negros. E ela continua:

> O que você faz quando esses jovens negros se aproximam? Como se sente quando eles vêm na sua direção? O que faz quando eles passam por você? (...) Como você vê esses três rapazes em termos de vestimenta, aparência e comportamento? Se você for uma pessoa branca lendo estas linhas, pergunte a si mesmo se você se sentiria apreensivo ou amedrontado. Você faz contato visual e diz "oi" ou mantém os olhos voltados para o chão? Imagina que

> eles estejam carregando armas? Tem medo de que eles possam assaltá-lo? E se sente culpado por se sentir assim? Ao ver esses rapazes, você se sente mais vulnerável a danos físicos e fica mais alerta às coisas ao seu redor?

Cassidy, que se identifica como uma mulher branca de meia-idade, admite que ficaria "apreensiva" na situação acima. Mas também critica a própria reação, admitindo que ela não estaria baseada numa experiência real com jovens negros, e sim nas coisas que aprendeu sobre eles. Embora Cassidy use a palavra *aprendeu*, eu daria um passo adiante e chamaria essas ideias de *doutrinação*. É isso que acontece quando os preconceitos implícitos são absorvidos e, em vez de aprendermos a nos livrar deles, os reforçamos. E os transformamos em estereótipos que tornam ainda mais difícil para qualquer negro viver uma vida livre de racismo. E nenhum desses estereótipos é mais difundido e mais prejudicial do que o mito do Homem Negro Raivoso.

Você já ouviu falar dele? Ou consegue se lembrar do que fez numa situação como a que Cassidy descreve? Como responderia às perguntas que ela fez a si mesma?

Vamos passar a limpo

O mito do homem negro raivoso tem dois desdobramentos – então, tenha paciência, há uma história que precisamos desenterrar aqui. A implicação atual é alguém que reconhece o racismo e a discriminação em todos os lugares para onde olha, mesmo quando não é vítima dele. Também poderíamos chamar o homem negro raivoso de homem negro consciente do racismo (veja a citação de James Baldwin que abre este capítulo). Mas há sempre uma conotação depreciativa: tipo, lá vem o cara que vê racismo em tudo.

Essa é uma caracterização injusta, mas, para entender por quê, temos que voltar a outro estereótipo do homem negro raivoso. Trata-se do homem negro como alguém excessivamente agressivo, ameaçador e fisicamente intimidador, especialmente para mulheres brancas inocentes. Esse estereótipo é fácil de se observar desde pelo menos 1915, quando Hollywood produziu seu primeiro *blockbuster*: *O Nascimento de uma Nação*. Em determinado momento do filme, um homem negro propõe casamento a uma mulher branca, que foge e se atira de um penhasco porque acha que ele vai estuprá-la. Pense em toda a história que fez com que essa fosse uma reação que os cineastas sabiam que o público ia aplaudir. O filme não apenas inspirou o segundo movimento da Ku Klux Klan, mas foi exibido na Casa Branca e impressionou tanto o presidente Woodrow Wilson que ele comentou: "É como a história escrita em lampejos". Fora das telas, essa falsa narrativa sobre os homens negros e sua relação com as mulheres brancas foi passada adiante de geração em geração. A prática assassina de linchamentos, alegavam os homens brancos, muitas vezes tinha em seu cerne o objetivo de proteger a castidade das mulheres brancas.

Tal como acontece com muitos mitos, o homem negro raivoso tem um fundo de verdade. Não no ataque sistemático a mulheres brancas, mas na raiva. Na época da escravidão, as mulheres negras eram com frequência exploradas sexualmente por homens brancos. (Leia sobre Thomas Jefferson e Sally Hemings.) Agora, imagine que você fosse um homem negro e a mulher que considerava sua esposa (casamentos legais entre escravizados não eram permitidos) fosse estuprada por seu senhor ou pelo feitor branco. Imagine que ela não apenas fosse estuprada, mas também engravidasse e desse à luz um filho do senhor, sem que houvesse nada que você pudesse fazer a respeito. Tente imaginar o tipo de dor e raiva que você sentiria se isso acontecesse com você uma, duas vezes; se acontecesse com seus filhos; se acreditasse que isso fosse se perpetuar por gerações.

Por outro lado, imagine que, se olhasse mesmo que de soslaio para uma mulher branca, mesmo se não fizesse nada, e fosse acusado de violar sua honra e/ou castidade, você pudesse ser caçado, espancado e linchado por um bando de homens brancos. E, quando tudo acabasse, não houvesse nada que seu povo pudesse fazer para não ter o mesmo destino que você. E que não houvesse nenhuma consequência para os brancos que o mataram. Se essa fosse a sua realidade, se essa fosse a história dos seus antepassados, quanta raiva você teria? Em que momento você superaria essa raiva? Como diabos você superaria essa raiva?

Vamos voltar à discussão. O resultado desses estereótipos tem sido permitir o que costumo chamar de processo contínuo de "usar a branquitude como arma". Já vimos um exemplo disso com o assassinato de Emmett Till, de apenas quatorze anos. Mais recentemente, talvez você conheça o estereótipo da "mulher branca indignada".

Uma mulher branca indignada é alguém como Amy Cooper, que no início de 2020 chamou a polícia por causa de um observador de pássaros no Central Park que queria que ela prendesse seu cachorro que estava ilegalmente solto. Quando ligou para a polícia, ela usou três palavras que são quase uma sentença de morte para um homem negro: "Há um homem negro *ameaçando minha vida*". Isso era mentira e, graças a Deus, o observador de pássaros filmou tudo. Ou como Jennifer Schulte, apelidada de "Becky Barbecue", que chamou a polícia por causa de dois homens negros que faziam churrasco legalmente num parque de Oakland. "Eu estou com muito medo. Venham rápido", disse ela, código para "Machuquem esses negros". Ou como Alison Ettel, apelidada de "Patty Licença", que chamou a polícia por causa de uma menina negra de oito anos que vendia água em São Francisco sem licença. "Eu preciso ver sua licença", disse ela.

Nomes à parte, todas elas são mulheres brancas indignadas que fazem escândalo, pedem para falar com o gerente e que às vezes chamam a cavalaria por causa de um suposto Homem Negro Raivoso. A mulher branca indignada que hoje virou meme da internet também é neta de uma figura muito mais velha: a "Srta. Ann". A "Srta. Ann" era a "sinhazinha", uma mulher branca que tinha poder sobre os negros escravizados nas plantações. É isso mesmo, não há apenas uma longa história de mulheres brancas usando sua branquitude como uma ferramenta de controle, há uma longa história de transformar a coisa em meme.

Para que os homens brancos não sejam poupados, você já ouviu falar de Black Wall Street? Em 1921, um adolescente negro chamado Dick Rowland entrou num elevador em Tulsa, Oklahoma. Minutos depois, a mulher branca que operava o elevador gritou, e Rowland fugiu correndo. Ele foi preso no dia seguinte por agredi-la. Uma multidão de brancos furiosos apareceu na prisão exigindo que as autoridades libertassem Rowland sob sua custódia, enquanto um grupo de negros armados apareceu para proteger Rowland do que seria um linchamento certo. Podem apostar que os negros que apareceram para salvar Rowland sabiam quem era a "sinhazinha" e como ela havia sido protegida ao longo do tempo, assim como sabiam como os homens negros eram demonizados como raivosos e perigosos.

O conflito entre aqueles negros corajosos e os brancos de Tulsa que queriam a morte de Rowland irrompeu no que hoje é conhecido como Distúrbios raciais de Tulsa ou Massacre de Tulsa. Os brancos raivosos atearam fogo a uma área de Tulsa conhecida como Black Wall Street, que era o centro econômico da cidade, como você provavelmente já imaginou, matando cerca de trezentas pessoas, destruindo mais de 1.200 casas e incendiando quase todas as outras construções. (Enquanto isso, Dick Rowland foi considerado inocente: ele havia tropeçado e se segurado acidentalmente na ascensorista.)

De volta ao presente, é isso que torna possíveis casos como os de George Floyd e Trayvon Martin – todas as vezes que alguém é visto como uma ameaça porque foi visto primeiro como negro. Há um vídeo que apareceu algumas vezes nos *feeds* das minhas redes sociais e que vi pela primeira vez no *feed* do ativista Shaun King no Facebook. O vídeo mostra um homem branco chamado Jerry que resiste à prisão ao ser abordado por dois policiais. Jerry luta com os policiais, consegue pegar um cassetete e agride um deles. Enquanto isso, pode-se ouvir alguém fora do enquadramento dizendo: "Jerry, eles vão machucar você... Jerry, não faça isso". Mas Jerry não dá ouvidos. Depois de bufar por um momento, ele entra na viatura policial e sai dirigindo.

Convido você a fazer uma pausa e pensar em todas as vezes que viu ou leu sobre a polícia atirando num homem negro por algo um pouco maior do que um espasmo. Convido você a ler (ou a assistir ao vídeo, se tiver estômago) sobre a morte de Rayshard Brooks. Brooks estava bêbado, mas era o bêbado mais calmo e respeitoso que já vi. Ele estava tentando responder calmamente as perguntas dos policiais que o abordaram enquanto dormia em seu carro. Depois de Brooks consentir fazer todos os testes, inclusive o bafômetro, um dos policiais começou a algemá-lo para levá-lo preso por dirigir embriagado. Brooks resistiu à prisão, lutou com os dois homens, conseguiu tomar a arma de choque de um deles e, enquanto fugia, o policial de Atlanta Garrett Rolfe atirou nele duas vezes pelas costas.

Vamos comparar: tanto Rayshard quanto Jerry resistiram à prisão. Só um deles agrediu um policial com sua própria arma, em seguida roubou sua viatura e saiu em disparada. E só o outro morreu.

Vamos ficar desconfortáveis

Como eu disse, em muitos casos, a raiva do homem negro é justificada, senão por uma ofensa imediata, então por uma longa série de ofensas históricas. Não é função dos brancos policiar os sentimentos dos negros, mas como seres humanos, por favor, deem aos negros o direito de sentir toda uma gama de emoções em relação a suas feridas.

Você provavelmente já ouviu falar do estereótipo da mulher branca indignada. E há uma boa chance de já ter visto uma versão de um homem negro raivoso na mídia. Os memes, as imagens, a arte... tudo é político. A conversa desagradável é: de onde vêm esses estereótipos? A quem eles servem? De que maneiras, se for o caso, você os perpetuou? Se você ficou incomodada ou incomodado com o fato de a mulher branca indignada ter se tornado um meme, pergunte a si mesma ou a si mesmo se está olhando para ela num contexto histórico e cultural mais amplo. Pergunte a si mesma ou a si mesmo se fica igualmente perturbada ou perturbado com o mito do homem negro raivoso e com tudo que aconteceu como resultado desse mito.

Na abertura deste capítulo, falei sobre o artigo de Laurie Cassidy "The Myth of the Dangerous Black Man" e sobre como ela reconheceu que se sentir ameaçada por homens negros era injustificado. Esse é um bom lugar para qualquer pessoa começar.

Não basta falar

Talvez você esteja se perguntando se eu sou raivoso. Este capítulo pode dar a impressão de que sim. Mas realmente não há outra maneira de dizer essas verdades.

Às vezes fico com raiva. Assim como você.

O que você pode fazer agora é começar a prestar atenção em quantas vezes os brancos usam sua branquitude como uma arma contra os negros e quantas vezes o mito do homem negro raivoso leva à violência contra um deles. Se você é uma mulher branca, por favor, não seja uma mulher branca indignada. Se você é um homem branco, por favor, não seja um homem branco com uma arma apontada para um homem negro.

Também convido você a ler o livro *Não basta não ser racista: sejamos antirracistas*, da educadora de justiça social Robin DiAngelo, e o livro do historiador Ibram X. Kendi *Como ser antirracista*. Se tiver filhos, experimente *Stamped: Racism, Antiracism, and You* [Marcado: racismo, antirracismo e você], de Ibram X. Kendi e Jason Reynolds, ou *Woke Baby* [Bebê desperto], de Mahogany Browne. Precisamos fazer as crianças começarem com o pé direito.

Quero deixar uma sugestão: se você vir um homem negro e ele estiver com raiva, obviamente não pense que ele está com raiva porque é negro, mas tampouco presuma que ele esteja com raiva por causa de qualquer coisa relacionada ao racismo naquele momento. Permita que as pessoas tenham emoções. Enxergue esse homem como um indivíduo.

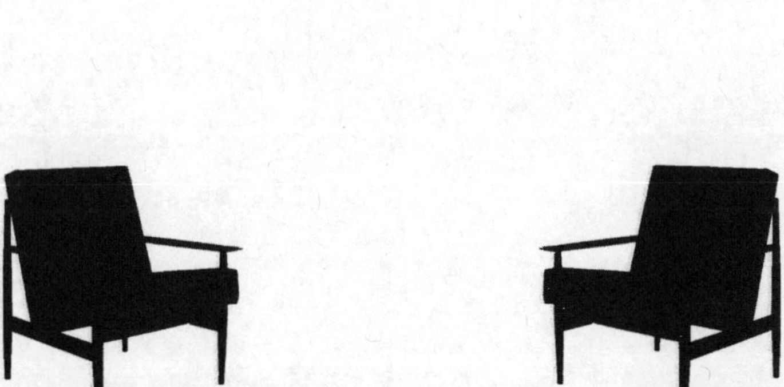

"Por que preciso censurar a mim mesmo quando estou cantando uma música de autoria negra no meu carro? Por que não posso citar a letra nem mesmo cantar uma canção que os próprios artistas negros vendem para o público?" – Chris

6.

NÃÃÃÃÃO!

A palavra proibida

Vou acabar com essa crioulada toda aqui.

Riley Cooper

Deixe-me começar dizendo que eu achava que Riley Cooper era um cara legal. Ele jogou como receptor para o Florida Gators e ganhou campeonatos nacionais com Tim Tebow. Era um cara do interior, mas sempre achei que ele era gente boa. No ano em que esse infame incidente aconteceu (2013), Cooper e eu éramos companheiros de equipe no Philadelphia Eagles. Tudo teve início num show de Kenny Chesney (bem, os sentimentos dele em relação a raça claramente tiveram início antes disso), quando um Cooper supostamente bêbado ficou irritado por ter sido impedido de entrar nos bastidores e disse: "Vou pular a cerca e acabar com essa 'crioulada' [niggers] toda aqui!" Ele disse isso enchendo a boca.*

* O termo *nigger* e suas variações de pronúncia são considerados extremamente ofensivos nos Estados Unidos. Tentamos aqui dar uma ideia de quanto a palavra é ofensiva para um negro norte-americano. (N. da E.)

Não muito tempo depois, eu estava relaxando após o almoço no centro de treinamento dos Eagles enquanto o vídeo do incidente se espalhava pelo prédio como rastilho de pólvora. Alguns dos meus companheiros de equipe negros estavam prontos para sair no braço com Cooper, dizendo que mal podiam esperar para encontrá-lo novamente. Mal podiam esperar. Mas em seguida ficamos sabendo que nosso técnico principal tinha dado a Cooper alguns dias de folga para "repensar suas ações" – como se tirar uma folga durante a concentração, a parte mais árdua de uma temporada da liga nacional de futebol americano, fosse algum tipo de punição! Eu não conseguia acreditar. Nem meus companheiros. E aqueles dias de folga pouco contribuíram para curar a cisão entre eles e Cooper. Depois disso, toda vez que ele pegava a bola durante os treinos, os caras iam com tudo para cima dele.

Quatro meses depois da polêmica envolvendo Cooper, um atacante branco do Miami Dolphins chamou um de seus companheiros de equipe negro de "crioulinho" [*half a nigger*] numa mensagem de voz. Na temporada seguinte, a liga nacional de futebol americano tentou banir a palavra, estabelecendo uma regra que dava aos árbitros a liberdade de aplicar uma penalidade de quinze jardas para a primeira infração e expulsão em caso de reincidência. Duas temporadas depois, Colin Kaepernick começou a se ajoelhar durante o hino nacional em protesto contra a brutalidade policial e a morte de negros pelas mãos da polícia. Por favor, compreenda que todas essas coisas estão inter-relacionadas.

Vamos aprender o básico de uma vez. Não, você não pode usar a palavra *nigger* nem nenhuma de suas variações. Nunca haverá uma circunstância em que uma pessoa branca deva usar essa palavra. Ponto final.

Imagine os piores insultos que você já ouviu. Agora imagine que, ao ouvir essas palavras, ao mesmo tempo você ouve que vai ser um cidadão de segunda classe para sempre. Que, tendo nascido nos Estados Unidos, você não merece viver o sonho americano. Imagine que o que você ouviu foi: *você é um animal*. Imagine que você ouviu: *você é estúpido. Você é um escravo. Meu povo era dono do seu, e vocês estavam melhor quando as coisas eram assim*. Imagine que ouviu: *você não vai conseguir nada na vida, cara. E o nada que vai conseguir é exatamente o que merece.* Se for capaz de imaginar uma palavra que transmita tudo isso, então terá uma ideia do que ouvir a palavra *nigger* significa para mim e para qualquer outra pessoa negra nos Estados Unidos.

Convido você a parar um momento e ler a epígrafe deste capítulo novamente. Reflita sobre isso. Espero que tenha ficado um pouco chocado ao lê-la; era essa a intenção.

Vamos passar a limpo

Podemos rastrear a palavra *nigger* até o latim *niger*, que significava simplesmente "preto". A palavra passou a se referir a pessoas de pele negra nos Estados Unidos quando o colonizador John Rolfe (o cara que se casou com a Pocahontas!) escreveu uma carta a um oficial britânico descrevendo a chegada de "vinte e tantos *niggers*" ao assentamento de Jamestown, no atual estado da Virgínia. Em 1775, surge o primeiro uso depreciativo do termo *nigger* – e, minha nossa, como esse uso pegou rápido. Por volta de 1800, o termo já fazia parte do léxico americano e, a partir do século XVIII, o uso da palavra e do imaginário associado a ela explodiu, aparecendo em caixas de cigarro, embalagens de alimentos, nas telas de tevê e cinema, nos livros, na música, em bairros tão brancos como lírios. Havia até uma versão norte-americana da brincadeira de criança uni duni tê que usava a palavra, algo como: "Uni duni tê, salame minguê, um sorvete colorê, o crioulo é você". Tudo com o objetivo expresso de humilhar os negros.

A palavra *nigger* caiu em desuso e deixou de ser amplamente usada pelos negros na época do movimento pelos direitos civis, graças em grande parte a pensadores como James Baldwin, que estavam reimaginando quem exatamente era esse *nigger*: "O *nigger* foi inventado. Eu não o inventei. Os brancos o inventaram", disse Baldwin. "Eu sei e sempre soube (...) que não sou um *nigger*". Mesmo assim, o termo foi retomado quando o hip-hop se tornou um rolo compressor cultural no final dos anos 1980. Anos antes de aparecer em filmes para a família como *Querem Acabar Comigo* ou *Policial em Apuros*, Ice Cube era um membro carrancudo de um grupo de rap de Compton no fim dos anos 1980 chamado N.W.A: Niggaz Wit Attitudes ["Crioulos" com atitude]. Do auge da popularidade do grupo, no início da década de 1990, até agora, a palavra *nigga* tem sido presença constante nas letras de rap.

Niger, nigger, nigga. A última versão é uma corruptela que os negros inventaram para se apropriar de parte do poder da palavra, transformando algo cuja intenção era ferir em algo que talvez tivesse o potencial de curar. *Nigga* é um termo usado carinhosamente entre alguns negros – o abrandamento do "er" pronunciado final é fundamental, assim como o fato de ser restrito a trocas íntimas, de negro para negro. É uma maneira de os negros estarem em comunhão, de criarem um espaço que é apenas nosso. Não é, como qualquer uma das outras formas da palavra, uma palavra que esteja disponível para os brancos.

Esse uso tem seus detratores. Maya Angelou disse certa vez: "A palavra que começa com 'n' foi criada para destituir pessoas de sua humanidade. Quando vejo um frasco e nele está escrito 'V-E-N-E-N-O', então eu sei o que é. O frasco é irrelevante, mas o conteúdo é veneno. Se eu despejar o conteúdo numa taça de cristal da Bavária, continuará sendo veneno". Essa foi a resposta de Angelou para aqueles negros, como Ice Cube, que se reapropriaram da palavra e a assimilaram. Ela parece ter considerado que não havia como, nem mesmo para seu próprio povo, abrandar, higienizar ou transmutar o termo.

Numa ação alinhada com o pensamento de Angelou, a NAACP promoveu um funeral para a palavra em Detroit. A cerimônia, realizada em 2007, incluiu dois cavalos, uma caixa de pinho adornada com um buquê de rosas pretas artificiais e uma fita preta, além de carregadores de caixão vestindo luvas brancas. A cerimônia foi presidida pelo então prefeito de Detroit, Kwame Kilpatrick (um homem que, embora tivesse boas intenções, provou ter um caráter questionável). "Hoje, não estamos apenas enterrando a palavra que começa com 'n', estamos removendo-a do nosso espírito", disse Kilpatrick. "Nós nos reunimos para enterrar todas as coisas que vêm com a palavra que começa com 'n'."

Kilpatrick e a NAACP não conseguiram banir ou enterrar a palavra que começa com "n". Séculos depois de seu surgimento, ela continua sendo a palavra mais infame da cultura norte-americana. Mas muitos negros ainda argumentam que usar *nigga* ou *niggah* ou outras derivações é, em vez de um veneno, uma maneira de esvaziar a palavra de parte de sua malignidade original. O que é mais popular na cultura americana do que o hip-hop, gênero musical no qual a palavra *nigga* está muito viva desde os tempos do N.W.A? O hit "Alright", de Kendrick Lamar, começa assim: "*All my life I had to fight, nigga*" [Durante toda a vida eu tive que lutar, *nigga*], e o refrão diz "*Nigga, we gon' be alright*" [*Nigga*, nós vamos ficar bem]. Alguns anos depois, Jay-Z lançou "The Story of O.J.", no seu álbum *4:44*, uma música cujo refrão inclui "*Light nigga, dark nigga... Rich nigga, poor nigga... Still nigga, still nigga*" [*Nigga* claro, *nigga* escuro... *Nigga* rico, *nigga* pobre... Ainda assim *nigga*, ainda assim *nigga*].

Se a usam ou não, isso é uma decisão que cabe aos negros. De qualquer forma, infelizmente sempre haverá brancos, em especial homens brancos, que se sentem no direito de usá-la. Os artistas brancos às vezes acham que ela pode ser transformada em piada: como quando o ator Michael Richards, o Kramer de *Seinfeld*, a usou repetidas vezes numa apresentação de comédia *stand-up*. Ou quando Louis C.K. a usou numa conversa com Chris Rock. Ou ainda quando um jovem Justin Bieber foi filmado, num vídeo publicado pelo TMZ, cantando uma de suas músicas (*One less lonely girl*) [Uma garota solitária a menos] com a letra alterada para "*One less lonely nigger*". Isso não é engraçado.

Vamos ficar desconfortáveis

Costumava haver um momento numa de suas apresentações em que Chris Rock brincava sobre a única ocasião em que os brancos podiam usar a palavra *nigger*. Era mais ou menos assim:

"Eu vou dizer a vocês qual é a única ocasião em que um branco pode dizer *nigger*", ele começava, em seguida imitava os brancos como se eles estivessem erguendo os punhos e dizendo: "Foi para isso que eu comprei o ingresso. A noite acabou de ficar boa para caralho".

"A única ocasião em que um branco pode dizer *nigger*. Lá vai. Ouçam com atenção, porque posso nunca mais repetir essa merda." Ele fazia uma pausa, aquela pausa longa e perfeita dos comediantes.

"Ok, se for véspera de Natal. Entre 4h30 e 4h49 da manhã. Se você for branco e estiver a caminho de uma loja de brinquedos para comprar o último boneco Transformer para seus filhos. E pouco antes de você entrar na loja uma pessoa negra chegar correndo ao seu lado, acertar sua cabeça com um tijolo e jogá-lo no chão. Pisar na sua cara (...) sapatear na sua cabeça, pegar seu dinheiro, mijar em você e sair correndo. Se você for branco, nesse momento, você pode dizer: 'ALGUÉM PARE ESSE *NIGGER*'".

E a plateia explodia em risadas.

Bem, Rock começou a achar que a plateia costumava rir com entusiasmo demais, tanto que ele decidiu parar de contar essa piada. E fico feliz por ele ter feito isso.

Não há conversa que dê a um branco uma justificativa para usar a palavra *nigger*. Há muita dor nessa palavra quando sai de uma boca branca. No entanto, também devo dizer que se você estiver inclinado a usá-la, pode e deve investigar de onde vem essa inclinação ou compulsão. Esta é a conversa difícil: não *se* você deveria ou não deveria usá-la, mas *por que* você poderia querer usá-la. Se a palavra *nigger* está no seu coração ou na sua língua, por favor, por favor, tente descobrir por quê.

Não basta falar

Durante o escândalo no qual esteve envolvido, Riley Cooper pediu desculpas a nós, companheiros de equipe, numa reunião privada. Para dizer a verdade, não me lembro bem desse momento, exceto do fato de que ele pareceu pouco convincente. Ele também fez um pedido de desculpas público pelo Twitter, do qual o grupo que de fato tinha sido alvo de suas ofensas, os *negros*, estava notadamente ausente:

"31 de julho de 2013: Estou muito envergonhado e enojado comigo mesmo. Quero pedir desculpas. Eu fui ofensivo. Pedi desculpas ao meu técnico, Jeffrey Lurie, a Howie Roseman e aos meus companheiros de equipe. Eu devo desculpas aos fãs e a esta comunidade. Estou muito envergonhado, mas não há justificativa. O que eu fiz foi errado e vou aceitar as consequências." Que consequências?, você pode se perguntar. Até onde me lembro, parte das "consequências" para Cooper foi ser recompensado com uma extensão de contrato de cinco anos no valor de 25 milhões de dólares. Para ser justo, ele teve o que muitas pessoas chamariam de uma excelente temporada, mas sua recompensa pareceu representar a palavra que começa com "n" e o privilégio branco reunidos num enorme outdoor anunciando a posição da liga nacional de futebol americano sobre o racismo.

Espero que você não precise pedir desculpas públicas ou privadas por usar essa palavra nem nenhuma outra tão ofensiva assim em sua língua materna. Em vez disso, leia o livro *The N Word: Who Can Say It, Who Shouldn't, and Why* [A palavra que começa com "n", quem pode usá-la, quem não deveria usá-la e por quê], do professor Jabari Asim, da Emerson College. Além disso, se puder, dê uma lida no ensaio "Eulogy for Nigger" [Eulogia para *nigger*], do escritor David Bradley. Como sempre, tente refletir criticamente sobre como você usa as palavras e até que ponto suas escolhas refletem seus pensamentos e sentimentos mais íntimos. Se não for capaz de se conter, aí, sim, sugiro que pare de cantá-la também.

Parte II

NÓS E ELES

"Quais sistemas racistas precisam ser mudados atualmente? Já ouvi argumentos sobre o financiamento de casas e escolas não funcionar, mas isso parece ser mais uma questão econômica do que racial. Eu entendo que, no passado, a geração dos que hoje são avós pode ter sofrido com o racismo da "linha vermelha", por exemplo, pelo qual o governo federal e os bancos pintavam de vermelho nos mapas os bairros nos quais não iam investir concedendo financiamento para a compra da casa própria e outras práticas que agora são ilegais. Também compreendo que isso pode ter efeitos prolongados. No entanto, acho que essas questões racistas já foram resolvidas." – Brianne

7.

A BANCA SEMPRE VENCE

Racismo sistêmico

O sonho de uma terra onde a vida seja melhor, mais rica e mais plena para todos, com oportunidades para cada um de acordo com sua capacidade ou seu desempenho.

James Truslow Adams, The Epic of America, 1931,
cunhando o termo "sonho americano"

Meses atrás, visitei um amigo branco que tinha acabado de se mudar para uma casa nova em Austin, no Texas. Era um lugar ótimo: quatro quartos, muito espaçoso. Dava para ver como ele estava orgulhoso enquanto me mostrava a casa. Então, no meio da visita, ele disse: "Mano, dá só uma olhada nessas janelas. Elas vieram com essas venezianas típicas das plantations."

Foi como se o disco tivesse sido riscado durante a alegre trilha sonora da visita. Eu estremeci. Como bom amigo que era, ele percebeu minha reação e se desculpou. Mas durante todo o resto da visita, e durante o resto do dia, fiquei pensando: *por que diabos ainda temos coisas chamadas* venezianas típicas das plantations? *E por que pessoas brancas ainda compram casas nas quais um corretor de imóveis aponta esse tipo de coisa como um argumento de venda? Quer dizer... como alguém pode ouvir falar em venezianas das plantations e não pensar em escravidão?* Elas são uma recordação da pior coisa que os Estados Unidos já fizeram, mas, aparentemente, ainda são uma vantagem nos anúncios de imóveis.

Os sinais não são tão evidentes em todos os lugares, mas nunca deixe que ninguém o convença de que os Estados Unidos não são mais um país racista. Isso foi muito falado entre 2008 e 2016: com um presidente negro, como os Estados Unidos ainda poderiam ser um país racista? Hoje já não se ouve muito mais isso. Mas vamos deixar uma coisa clara: os Estados Unidos nunca deixarão de ser racistas enquanto as engrenagens do racismo sistêmico continuarem girando. E acredite em mim quando digo: elas ainda estão girando, girando, girando sem parar.

Em 1931, o historiador James Truslow Adams cunhou o termo *sonho americano*, visto na epígrafe que abre este capítulo. Tenho certeza de que vamos concordar que uma nação construída com base em "oportunidades para cada um de acordo com sua capacidade ou seu desempenho" parece um ótimo lugar para se viver. Mas esse é um lugar que os Estados Unidos nunca foram – em especial para os negros. Já vimos como esse sonho pode ser negado no âmbito individual, nas interações cotidianas entre americanos negros e brancos: por meio do preconceito implícito, do privilégio branco e da apropriação cultural, por meio de estereótipos prejudiciais e linguagem punitiva.

Esses vestígios cotidianos são as impressões digitais de uma realidade ainda maior e mais profundamente arraigada. (Aperte os cintos: esta parte do livro vai ter muitos solavancos.) Se quiser saber qual é a principal razão por que os Estados Unidos não fizeram jus aos ideais declarados por seus fundadores e pelo sr. James Truslow Adams, é devido a uma coisinha chamada *racismo sistêmico* (ou *estrutural* ou *institucional*).

Sou o primeiro a admitir que *racismo sistêmico* soa como uma conspiração. Mas veja só: se há algo nos Estados Unidos que se enquadra na definição de conspiração nacional é o *racismo sistêmico*. O racismo é uma forma de opressão, ou seja, uma situação em que aqueles com mais poder dominam os com menos poder. E a opressão é tão antiga quanto a civilização. Pesquise quanto quiser: assim que grupos de pessoas começam a criar regras para si mesmas, assim que começam a dividir o poder, os direitos, um governo, alguém é oprimido. Mais cedo ou mais tarde, haverá sistemas em vigor para garantir que algumas pessoas se saiam melhor do que outras. Nos Estados Unidos, assim como em muitos outros países que foram colônias (antes mesmo de chegarmos à escravidão!), os legisladores são brancos e os que ficam em pior situação são negros e pardos.

Alerta de *spoiler*: muitos desses sistemas ainda estão em vigor.

William Faulkner escreveu certa vez: "O passado nunca está morto. O passado nem sequer passou". Pense nas venezianas das plantations do meu amigo: a história da escravidão literalmente à vista de todos. Pense no estado do Mississippi esperando até julho de 2020 para remover a bandeira confederada, que representa o sul agrário e escravagista, de sua bandeira estadual. Um passado perverso e opressor está bem diante de nós. Ele não está escondido; está bem diante do nosso nariz. Está de braços erguidos, dizendo: "OLHEM AQUI!"

Vamos passar a limpo

É difícil falar sobre racismo sistêmico sem soar como um professor, então me dê um desconto por alguns parágrafos. Para começar, uma definição: o *racismo sistêmico* é a legitimação de toda dinâmica – histórica, cultural, política, econômica, institucional e individual – que dá vantagens a pessoas brancas, ao mesmo tempo que tem uma série de efeitos terríveis para os negros e outras pessoas não brancas. Esses efeitos se evidenciam em desigualdade em termos de poder, oportunidades, leis e todos os outros indicadores de como indivíduos e grupos são tratados. Ou seja: o racismo sistêmico faz com que o tratamento desigual de pessoas não brancas seja a norma nacional.

Eu poderia passar o resto deste livro detalhando os diferentes desdobramentos do racismo estrutural, mas por ora vou me concentrar em algumas áreas principais: habitação, educação e justiça. O racismo enraizado em cada uma dessas áreas da vida perpetua um ciclo vicioso no qual determinados grupos, incluindo os negros, são reprimidos, enquanto outros grupos – isto é, os brancos – são recompensados.

Se você se lembra do capítulo sobre privilégio branco, as famílias negras têm apenas um décimo da riqueza das famílias brancas. Uma grande razão para isso são os imóveis. Uma das formas mais comuns de construir patrimônio é adquirindo propriedades, e durante décadas houve barreiras estruturais para impedir que os negros se beneficiassem disso. Em 1934, um sujeito chamado Homer Hoyt, então economista-chefe da Federal Housing Administration (FHA), elaborou um relatório para ajudar sua agência a padronizar os empréstimos imobiliários no qual classificou várias nacionalidades por ordem de "desejabilidade". Os mais desejados eram os anglo-saxões e os europeus do Norte (todo esse negócio de raça ariana ainda estava sendo elaborado) e no fim da lista estavam os mexicanos e os negros.

O FHA pegou essa classificação e a pôs em prática. Eles mapearam cidades, dividindo-as em bairros onde era mais ou menos arriscado conceder empréstimos, sem que nenhuma variável fosse mais relevante do que a raça. Os bairros onde viviam os anglo-protestantes foram pintados de verde e os bairros de outros grupos intermediários foram pintados de outras cores. Já os bairros onde negros e mexicanos moravam foram pintados de vermelho. Foi daí que surgiu o termo "linha vermelha", que forçou um grande número de negros a fazer negócios com credores predatórios para comprar casas em bairros considerados indesejáveis e, portanto, menos valorizados do que os bairros verdes – ou melhor, brancos.

O pensamento de Hoyt foi codificado numa série de práticas imobiliárias, de associações de proprietários de imóveis preconceituosas a despejos repentinos. E embora tenha sido proibida em 1968, por meio do Fair Housing Act, a "linha vermelha" ainda é praticada de várias maneiras hoje, moldando a aparência dos bairros em todo o país. De acordo com um estudo realizado pelo Pew Research Center em 2016, apenas 43% das famílias negras eram proprietárias dos imóveis onde viviam, em contraste com quase 72% das famílias brancas. Acrescente-se a essa estatística o fato de que a casa própria é a forma mais comum de se construir um patrimônio que passa de geração em geração, e você poderá começar a entender como as famílias brancas passam vantagens adiante para os filhos, enquanto as famílias negras não conseguem garantir o futuro dos seus. E o ciclo continua.

O sistema de ensino público nos Estados Unidos é igualmente falho, e por razões parecidas. Na maioria dos estados norte-americanos, o financiamento das escolas se divide da seguinte forma: impostos estaduais (45%), impostos locais (45%) e impostos federais (10%). Embora os estados às vezes subsidiem os déficits de financiamento, isso não costuma ser suficiente para que haja igualdade de condições. Se as casas no bairro onde fica uma determinada escola valem menos do que as casas de bairros onde ficam outras escolas, esses proprietários pagam menos impostos. Se há menos estabelecimentos comerciais nesse bairro em particular, haverá também muito menos receita tributária. Assim, as escolas que ficam em bairros pobres são obrigadas a fazer mais com menos. E isso não é tudo. Na prática, o sistema educacional norte-americano é quase tão segregacionista quanto era durante a Era Jim Crow, por causa da linha vermelha, da derrota dos programas de transporte escolar e dos lobistas de distritos escolares locais – muitas vezes apenas pais (brancos) que querem se certificar de que suas boas escolas continuem sendo boas. Tudo isso compõe um sistema descrito pela jornalista ganhadora do Prêmio Pulitzer Nikole Hannah-Jones como "dividido e desigual".

E isso são apenas os números. Também precisamos olhar para a história da relação da comunidade negra com a educação no país. Jamais devemos deixar de levar em conta o fato de que, quando eram escravizados, os negros eram proibidos de ler e escrever, que seus proprietários brancos faziam todo o possível para que eles permanecessem analfabetos, pouco instruídos, ignorantes. Imagine o efeito que isso teve sobre aquelas pessoas escravizadas, e sobre seus filhos, e os filhos de seus filhos. Eis um pouco mais de perspectiva. Fundada em 1636, Harvard é a instituição de ensino superior mais antiga dos Estados Unidos. A mais antiga faculdade e universidade historicamente negra é a Cheyney University, fundada em 1837. Há, portanto, uma lacuna de duzentos anos de ensino superior entre brancos e negros.

Os negros tiveram que enfrentar muitas dificuldades por causa dessa lacuna, por frequentarem escolas perenemente subfinanciadas e porque durante gerações as pessoas brancas tentaram doutriná-los na direção do anti-intelectualismo. Vezes sem conta, pesquisas mostraram que o abismo entre os estudantes negros e brancos começa na infância e só aumenta com a idade. A composição socioeconômica de uma escola pode ter um papel mais relevante no desempenho do que a pobreza da família de um estudante específico, e uma educação deficiente tem um grande impacto sobre o sucesso financeiro. Você provavelmente já ouviu falar que a educação é um dos melhores caminhos para a ascensão social. Bem, em 2014, a Brookings Institution constatou que as crianças negras são especialmente suscetíveis à mobilidade descendente – quase sete em cada dez crianças negras nascidas em famílias de renda média não conseguiram manter o mesmo nível de renda quando adultos.

Além disso, existe a possibilidade de serem detidos ou irem para a prisão. Escolha sua estatística: de acordo com um estudo realizado em 2012 pela Annie E. Casey Foundation, um estudante que não consegue ler no nível adequado a seu ano escolar ao final do terceiro ano do ensino fundamental tem quatro vezes menos probabilidade de se formar. De acordo com um estudo realizado em 2009 pela Northeastern University, estudantes que não concluem o ensino médio têm 63 vezes mais probabilidade de serem encarcerados do que aqueles que se formam na faculdade. Não é preciso ser estatístico para identificar a correlação entre escolaridade e prisão, algo hoje conhecido como "a estrada reta que vai da escola à prisão".

O que me leva ao sistema de justiça criminal, mais uma área onde o racismo sistêmico está limitando a vida de incontáveis pessoas negras e outras pessoas não brancas. No que é um marco zero estatístico, os negros têm muito mais probabilidade de se envolver no sistema de justiça criminal ou, como dizem os entendidos, mais chances de se envolver com a justiça na qualidade de réus do que os brancos. Embora componham 13% da população dos Estados Unidos, os negros representam mais de um terço dos detentos nas prisões federais e estaduais. Essa super-representação não é um acidente, e sim produto do racismo sistêmico. Os negros não são mais criminosos do que as outras pessoas (falaremos mais sobre isso no capítulo 10), mas foram criminalizados tanto quanto ou mais do que qualquer outro grupo nos Estados Unidos.

Ironicamente, algumas pessoas afirmam que isso começou com um pequeno ajuste à Constituição dos Estados Unidos chamado Décima Terceira Emenda. "Não haverá, nos Estados Unidos nem em nenhum lugar sob sua jurisdição, nem escravidão nem servidão involuntária, **salvo como punição por um crime pelo qual o réu tenha sido devidamente condenado**." Sim, coloquei esse trecho em negrito por um motivo. Muitos estudiosos vincularam essa cláusula de exceção ao aumento do que hoje é chamado de *encarceramento em massa* ou *complexo industrial-prisional*.

Na época em que a emenda foi aprovada, os brancos sulistas estavam elaborando os "códigos negros", leis que penalizavam pessoas negras por coisas como não demonstrar o devido respeito ou praticar "atos danosos" e puniam esses "crimes" como pequenas infrações ou delitos graves, dependendo de quão sérios uma pessoa (quase sempre uma pessoa branca) decidia que eram. Essas leis vagas levaram mais negros à prisão do que nunca. Não porque os negros tivessem subitamente se tornado criminosos; mas sim porque as leis começaram a criminalizá-los. Os estados podiam então colocar os prisioneiros para trabalhar por meio de acordos de "arrendamento de condenados" que mandavam os presos de volta para os proprietários de escravos. Embora a Décima Terceira Emenda tenha acabado com a escravidão na superfície, essa brecha legal abriu caminho para o retorno de muitos negros à escravidão.

Claro que as prisões de hoje não têm programas como esse. Só programas compulsórios de trabalho, sem o pagamento de salário, executado desproporcionalmente por pessoas negras. Huumm.

Vamos ficar desconfortáveis

Muito bem. Respire fundo. É difícil falar sobre racismo sistêmico porque ele parece muito amplo, onipresente. E é. Mencionei algumas das áreas nas quais se impõe, mas a verdade é que ele permeia quase todas as áreas da vida americana, mesmo que seja difícil saber exatamente qual papel um indivíduo branco desempenha no sistema.

Vamos encarar essa última parte de frente. Meu irmão branco ou minha irmã branca, eu entendo você. Nada disso é sua culpa, individualmente. E talvez você tenha traçado sua árvore genealógica por gerações e tenha descoberto que nem seus tataravós nem ninguém na sua família possuía escravos (oremos por isso, com certeza). Mas, por outro lado, você pode traçar a sua árvore genealógica até a fundação dos Estados Unidos e afirmar que todas as pessoas que a compõem eram abolicionistas convictos? Que todas denunciaram cada aspecto de seu privilégio branco, condenaram o racismo sempre que ele se manifestou e nunca se beneficiaram do privilégio branco em nenhuma de suas formas? Esse é um projeto muito mais difícil. Provavelmente um projeto impossível.

Espero que compreenda aonde estou querendo chegar. Você se lembra do que eu disse sobre o privilégio branco, de como você não precisa fazer nada para que as coisas funcionem para você? Bem, as coisas são assim desde sempre, o que significa que você provavelmente passará a vida inteira se beneficiando dos frutos do racismo sistêmico sem nunca ter tido que se envolver diretamente com suas consequências.

Felizmente, você está aqui agora para fazer parte da solução.

Não basta falar

Ninguém pode lutar sozinho contra o racismo sistêmico. Ele é grande demais e está presente em muitas áreas. Por outro lado, isso significa que há milhões de maneiras de ajudar.

Como sempre, um bom lugar para começar é aprender mais. Visite o site do Urban Institute (urban.org) para obter uma cobertura exemplar do racismo estrutural nas cidades norte-americanas. Pesquise sobre como o racismo se estabelece na construção do espaço urbano da cidade onde você vive e se há no seu país políticas públicas para enfrentar essa desigualdade. No trabalho, defenda a diversidade. Se no seu escritório não há uma equipe responsável pela diversidade e pela inclusão, pressione para que haja uma. Envolva-se em ações políticas sempre que puder, votando e cobrando autoridades locais e nacionais, assinando petições e protestando pacificamente quando necessário. Para desmontar o racismo sistêmico é necessário nada menos que desmontar a supremacia branca. Vai ser preciso um esforço hercúleo de todos nós para derrubá-la.

"Minha pergunta é sobre o termo 'racismo reverso'. Parece-me que é um paradoxo. O racismo não é apenas racismo – sejam brancos odiando negros, negros odiando latinos, latinos odiando asiáticos, asiáticos odiando brancos etc.? O ódio com base na cor da pele/nacionalidade é apenas ódio, e isso é racismo. O reverso do racismo não seria o amor?" – Tracy

8.

MUDANDO A NARRATIVA

Racismo reverso

Aqueles de nós que conhecem nossos brancos sabem de uma coisa acima de tudo: a branquitude se defende. Contra a mudança, contra o progresso, contra a esperança, contra a dignidade negra, contra as vidas negras, contra a razão, contra a verdade, contra os fatos, contra as reivindicações dos nativos, contra suas próprias leis e costumes.

Tressie McMillan Cottom

Em meu segundo ano na liga nacional de futebol americano, meu primeiro ano com a equipe dos Eagles, havia um atacante defensivo de quase dois metros e mais de 130 quilos que gostava de fazer *bullying* comigo. Talvez achasse que eu não parecia forte o bastante, não sei, mas ele ficava constantemente me provocando, dizendo aos outros caras para não andarem comigo. Um comportamento realmente infantil. Por fim, num dia de treino, estávamos todos num círculo no campo, capacete debaixo do braço, todos apoiados num dos joelhos. Esse jogador estava atrás de mim e, quando olhei por cima do ombro, vi que ele puxou outro de nossos companheiros de equipe para o lado e se inclinou como se fosse sussurrar. Em vez disso, disse em voz alta: "Não fique ao lado do Acho". Eu me limitei a balançar a cabeça. Depois que o treinador desfez o círculo, fui até ele e o encarei. "Meu irmão", falei, "você é o pior companheiro de equipe da história dos companheiros de equipe". E olhei para ele como se estivesse pronto para brigar. Eu só estava pensando: *vamos sair no braço e acabar logo com isso.*

Nós não saímos no braço. Mas, naquele momento, o que eu fiz não foi *bullying* reverso. Eu só estava finalmente me defendendo.

Agora que expandimos nossa definição de racismo para incluir os sistemas que o alimentam, eu gostaria de abordar outra suposta manifestação: o racismo reverso, também conhecido como a ideia de pessoas negras (ou qualquer pessoa não branca) sendo racistas com pessoas brancas. Muitas pessoas me perguntam se o racismo reverso existe. Essa pergunta vem com frequência associada a uma segunda pergunta: é realmente possível que negros sejam racistas?

A primeira coisa que precisamos entender é que se trata de duas questões muito diferentes. Sobre a última, vou citar uma resposta que o dr. Ibram X. Kendi deu durante uma entrevista à CNN em 2019:

> Há negros que acreditam que não podem ser racistas porque acreditam que os negros não têm poder, e isso não é verdade. Toda pessoa no planeta tem o poder de resistir ao poder e às políticas racistas. Temos que reconhecer que há negros que resistem, e outros que não. E além disso há pessoas negras, um número pequeno, que estão na política, tomando decisões para instituir ou defender políticas que prejudicam os negros.

Então aí está. Um dos maiores especialistas em racismo dos Estados Unidos desfazendo a crença de que pessoas negras não podem ser racistas. Mas permita que eu faça algumas observações. Em primeiro lugar, as afirmações do dr. Kendi dizem respeito a negros que são racistas em relação a outros negros. Em segundo lugar, quando ele fala de pessoas negras em posição de fazer política a favor ou contra o racismo, preste atenção nessas palavras: *um número pequeno*.

Quando digo que o racismo reverso é um mito, o que quero dizer é que, embora alguns indivíduos negros possam ter preconceito contra os brancos, o racismo reverso dos negros em geral contra os brancos em geral simplesmente não existe. Não pode existir, porque não é assim que o poder coletivo funciona nos Estados Unidos.

O que é o racismo reverso se ele não é, bem, real? É um excelente exemplo do que a estudiosa Alice McIntyre chama de *discurso da branquitude*, ou seja, estratégias que os brancos usam – conscientemente ou não – para se isentar de sua participação coletiva no racismo. Outra maneira de expressar essa ideia é o termo *fragilidade branca*, popularizado pela socióloga Robin DiAngelo. Quando pessoas brancas são colocadas em situações que questionam sua identidade, "nós nos retiramos, nos defendemos, gritamos, discutimos, minimizamos, ignoramos", explica DiAngelo. "E, de outras formas, revidamos para recuperar nossa posição e nosso equilíbrio racial." Simplificando: você fica na defensiva. O sentimento de ficar na defensiva é a fragilidade branca, e a maneira como você revida, com acusações de racismo reverso, é o discurso da branquitude.

Adiante vou falar mais sobre o discurso da branquitude; algo nele pode lhe parecer familiar. Fique comigo. Mantenha os olhos e o coração abertos. Ao contrário daquele dia com aquele atacante, não estou aqui para brigar com ninguém.

Vamos passar a limpo

Repito: não existe racismo reverso. Se você quer oprimir alguém, precisa ter poder sobre essas pessoas como um grupo – e nenhum grupo tem poder sobre os brancos. Literalmente, não há pessoas negras suficientes com autoridade institucional sobre pessoas brancas de forma a possibilitar o racismo sistêmico contra elas. Num nível puramente numérico, isso já seria difícil; celebridades negras podem ter grande destaque em nossa sociedade, mas os negros ainda representam apenas 13,4% da população norte-americana (os brancos compõem 59,7% dela). Embora a previsão seja de que os brancos se tornem uma minoria estatística em 2045, os negros ainda vão demorar muito, muito mesmo, para dominar o mundo branco, se é que um dia vão fazê-lo. Mesmo que isso se tornasse realidade, quais são as chances de que a maioria dos negros se concentrasse em oprimir os brancos?

Ainda assim, brancos argumentam a favor do racismo reverso todos os dias. Voltando à apropriação cultural, algumas pessoas acham que é racismo reverso receber críticas por usar *dreadlocks* ou por rebatizar tranças africanas tradicionais com o nome de uma mulher branca. Outras alegam que há racismo reverso na interdição permanente do uso da palavra que começa com "n" por brancos, em especial se considerarmos que os negros podem continuar usando palavras depreciativas para se referir a uma pessoa branca (o que eu não defendo) sem que haja a mesma repercussão negativa. Mas, como espero ter provado, esses argumentos não passam de uma distorção lógica. É a isso que me refiro quando falo em "discurso da branquitude".

Um dos exemplos mais comuns de "discurso da branquitude" é chamar ações afirmativas de racismo reverso. Para explicar por que isso está errado, vamos voltar a 1961, quase cem anos depois da Guerra Civil, quando o presidente John F. Kennedy assinou a Ordem Executiva 10925, que instruía os contratantes federais a adotar "ações afirmativas a fim de garantir que todos os candidatos sejam tratados da mesma forma, independentemente de raça, cor, religião, gênero ou nacionalidade de origem". Essa ordem executiva foi o primeiro exemplo de ação afirmativa do país. Desde então, elas foram implementadas (e contestadas) numa série de áreas onde o racismo sistêmico persistiu.

Em suma, as ações afirmativas são um esforço no sentido de reparar as desigualdades sistêmicas causadas por séculos de discriminação. Para tentar alcançar medidas de igualdade social, elas dão tratamento preferencial aos grupos que foram vítimas dessas desigualdades prolongadas. Algumas pessoas argumentam que não é justo dar preferência aos negros e, consequentemente, tratar os brancos de forma injusta. Em relação a isso, proponho a pergunta: o que é justo? Se você me perguntar, a justiça só pode ocorrer entre partes que estejam em igualdade de condições, e os negros nunca foram tratados com igualdade nos Estados Unidos e no mundo. Na verdade, injustiça não chega nem perto de descrever como eles foram tratados.

"Mas *meus* antepassados não tinham escravos", você já deve ter ouvido. "Por que eu deveria ser aquele que não consegue o emprego nem a bolsa, que fica sempre na lista de espera?" Ou: "Eu cresci mais pobre do que alguns dos jovens negros que entram na universidade por meio de ações afirmativas. Por que eu não deveria me beneficiar dessa ajuda em vez deles?" A questão é que não podemos julgar o racismo apenas no nível individual. Ele também é histórico e sistêmico – lembre-se: os brancos sempre terão uma vantagem de séculos.

Acredite em mim, eu entendo a sensação de que todo o esforço que você fez não está sendo recompensado, como se você merecesse algo que lhe foi negado, como se as probabilidades estivessem contra você. Dito isso, há uma diferença clara entre um tipo de injustiça que se abate sobre você como resultado não intencional de uma política que tenta de forma racional e empática corrigir anos de desigualdade e o tipo de injustiça que é perpetuada como um fim em si mesma. Pense nisto: a injustiça que os negros vivenciam é o objetivo do racismo sistêmico, não o subproduto de algum outro objetivo. Aquilo que os brancos vivenciam como injustiça resultante de ações afirmativas não tem como objetivo ser injusto com os brancos. E é aí que reside a principal diferença.

Outro argumento do discurso da branquitude diz respeito aos 28 dias de fevereiro, também conhecido nos Estados Unidos como Mês da História Negra (ou, no caso do Brasil, o Dia da Consciência Negra). Por que os brancos não podem ter o Mês da História Branca ou Dia da Consciência Branca? Deixe-me começar do início. Nos Estados Unidos, a história negra existe por causa de um estudioso negro chamado dr. Carter G. Woodson, que em 1915 fundou a Association for the Study of Negro Life and History [Associação para o Estudo da Vida e da História dos Negros]. Para promover a conscientização sobre as conquistas dos negros, o dr. Woodson e seus colegas criaram a Semana da História e da Literatura Negra, logo renomeada para Semana das Conquistas Negras. Eles escolheram uma semana de fevereiro porque é o mês do nascimento tanto de Frederick Douglass quanto de Abraham Lincoln, homens que desempenharam um papel fundamental na história negra. A Semana das Conquistas Negras pegou como rastilho de pólvora: na década de 1950, ela já havia sido ampliada para uma celebração de um mês inteiro e, em 1976, essa mudança foi oficializada com a renomeação da Semana das Conquistas Negras para o Mês da História Negra. Todos os presidentes norte-americanos desde os anos 1970 endossaram essa comemoração com uma proclamação oficial.

Não há o Mês da História Branca porque celebramos as conquistas dos brancos... todo... santo... dia. Os brancos sempre foram admirados nos Estados Unidos, sempre foram celebrados. Os negros tiveram que lutar para celebrar a si mesmos e sua cultura em público. (É também por isso que muitas vezes nos referimos uns aos outros como reis negros e rainhas negras. Depois de toda uma história da sociedade branca diminuindo os negros, trata-se de intencionalmente enaltecer uns aos outros.) Você já leu sobre a primeira pessoa negra a fazer isso ou aquilo ou ter tal e tal emprego? Eu já. O primeiro negro a ser treinador principal na liga nacional de futebol americano. O primeiro negro proprietário de um time da liga nacional de futebol americano. A primeira editora-chefe negra da *Harper's Bazaar*. O primeiro negro a ingressar em Harvard, o primeiro negro orador da turma em Princeton. A primeira mulher negra a ganhar um Prêmio Pulitzer. Agora pense em quando você já ouviu falar sobre a primeira pessoa branca a fazer algo significativo. Não me lembro de alguma vez ter lido: "Olha só, finalmente uma pessoa branca fez isso!" E você sabe por quê? Porque os brancos sempre tiveram controle total sobre tudo que era importante desde antes de os Estados Unidos serem um país. Sempre tiveram controle sobre as oportunidades, assim como sobre as instituições que divulgam as conquistas. Os brancos são celebrados todos os dias pelas coisas importantes que fazem. É chamado de noticiário. Livros de história. Monte Rushmore. Casa Branca. CEOs da Fortune 500, reitores de faculdade, capitalistas de risco e vencedores do Oscar.

Tudo isso é para dizer: não, não é racismo reverso comemorar o Mês da História Negra. Mas seria racista propor um Mês da História Branca.

Por razões parecidas, é no mínimo insensível dizer "Todas as vidas importam" quando alguém diz que vidas negras importam. As vidas brancas nunca estiveram em perigo por causa das vidas negras na mesma medida em que as vidas negras foram ameaçadas pelos brancos e pela branquitude, e isso em nível individual e sistêmico. Embora algumas pessoas digam isso para incitar conflitos e outras possam fazê-lo em nome da inclusão, em ambos os casos é insensível e prejudicial. O romancista Jason Reynolds faz um trabalho maravilhoso ao elaborar os motivos:

> Se você diz "Não, todas as vidas importam", o que eu diria é que acredito que você acha que todas as vidas importam. Mas, porque vivo a vida que vivo, tenho certeza de que, neste país, [nem] todas as vidas importam. Tenho certeza de que, com base nos números, minha vida não importa; que a vida das mulheres negras definitivamente não importa, que a vida dos transexuais negros não importa, que a vida dos gays negros não importa (...) que a vida dos imigrantes não importa, que a vida dos muçulmanos não importa. A vida dos povos nativos deste país nunca importou. Quero dizer, poderíamos continuar indefinidamente. Então, quando dizemos "todas as vidas", estamos falando sobre a vida dos brancos? E, se sim, vamos simplesmente dizer isso. Porque é uma linguagem cifrada.

Quando as pessoas proclamam que vidas negras importam, não se trata de dizer que vidas brancas não importam. Nos Estados Unidos, é um fato que elas importam. O que os negros estão realmente dizendo é que as vidas negras são tão importantes quanto as brancas. Acrescente a essa lista de falsas simetrias: orgulho negro *versus* orgulho branco, privilégio branco *versus* "privilégio negro". Essa última expressão é tão verdadeira quanto o racismo reverso.

Vamos ficar desconfortáveis

Eu me considero um sujeito sensato. E para mim uma argumentação "justa" é aquela em que provavelmente há algum mérito de ambos os lados, por meio da qual uma pessoa moderada e racional busca um caminho para chegar a um acordo. Então entendo que em algum lugar haja uma pessoa acostumada a ouvir argumentos que dizem: "Bem, se os brancos podem ser racistas contra os negros, certamente deve haver *algum* mérito do outro lado". E aqui está a minha resposta: não caia nessa! Simplesmente não se trata disso. Lembre-se de que é uma questão de definição, e "branco" e "negro" simplesmente não são iguais nos Estados Unidos, por todas as razões sistêmicas que mencionamos. Quer dizer, vamos lá, seria o mesmo que alegar que um agressor tem razão ao tentar processar a vítima.

Ainda assim, é uma conversa desconfortável por diversos motivos. Por um lado, torna todos os brancos responsáveis. E eu sei que é difícil pensar que você está pagando pelos erros de outra pessoa. Também é difícil porque quem não quer se orgulhar do que fez, se orgulhar do que seus antepassados fizeram? Eu entendo você. De verdade. Mas para se orgulhar da história dos brancos, é preciso reconhecer *toda* a história dos brancos. E, quando contextualizamos todos esses grandes feitos, temos que admitir que eles se deram bem nos Estados Unidos, que manipularam oportunidades e as negaram a outros para que os brancos pudessem prosperar. E isso não significa menosprezar o talento, a inteligência, o ímpeto, a engenhosidade de todas as grandes figuras brancas. Não significa menosprezar todos aqueles que foram pioneiros no passado e agora. Mas se vamos falar sobre isso, vamos falar sobre tudo.

Não basta falar

É necessário que pessoas brancas corajosas, informadas, empáticas e comprometidas questionem seus companheiros de raça que se aferram ao discurso da branquitude. Se seu objetivo é combater o racismo e ajudar a construir um país que não seja baseado no privilégio branco, então você terá que fazer sua parte. Ensine a amigos e familiares brancos sobre a importância do Mês da História Negra ou do Dia da Consciência Negra. Explique a eles por que um Mês da História Branca ou Dia da Consciência Branca não apenas não são necessários, mas na verdade são mais um ato de racismo. Discuta com eles sobre como o racismo está nas mãos dos brancos em geral, bem como nas mãos dos brancos individualmente. Como, mesmo que possam não se considerar abertamente racistas, eles podem estar agindo de uma forma que fomenta o racismo ou não o desencoraja.

Para obter mais informações, leia *How the Irish Became White* [Como os irlandeses se tornaram brancos], de Noel Ignatiev, e se for audacioso ou audaciosa dê uma olhada nos outros livros dele. Também sugiro que você leia *Racecraft: The Soul of Inequality in American Life* [A produção da raça: a essência da desigualdade na vida americana], de Karen E. Fields e Barbara J. Fields, e *White Rage: The Unspoken Truth of Our Racial Divide* [Raiva branca: a verdade não dita sobre nossa divisão racial], de Carol Anderson. Anderson é coordenadora de estudos afro-americanos na Emory University e investiga o sentimento de raiva que as pessoas brancas têm em relação à igualdade dos negros e como essa raiva se manifestou ao longo dos anos. Se um dia for a Washington, D.C., recomendo que visite o maravilhoso Museu Nacional de História e Cultura Afro-Americana, mas se não puder ir até lá talvez haja um museu negro (provavelmente chamado de afrodescendente) mais perto de você.* Se estiver realmente animada ou animado com a perspectiva de aprender, sugiro que verifique os cursos dos programas de estudos negros (ou literatura afro-americana ou afro-brasileira) nas faculdades ou universidades perto de você.

Enquanto você segue vivendo sua vida todos os dias, preste atenção em quantas vezes ouve algo sendo apresentado como o primeiro "x" negro e quanto tempo demorou para que isso acontecesse. Pense em como seria estranho ouvir sobre o primeiro branco a fazer algo. Quando estiver num recinto com um grupo de pessoas poderosas, observe quantas delas são brancas. Pergunte a si mesmo: não seria estranho se a maioria delas fosse negra? Conforme os dias vão passando, preste atenção em quantas vezes o branco é o padrão. Saiba que dizer "Todas as vidas importam" significa argumentar que ainda não estamos adotando o branco como padrão o suficiente.

---

* No Rio de Janeiro temos o Museu da História e da Cultura Afro-Brasileira, na Gamboa, local que já foi conhecido como "Pequena África"; em São Paulo temos o Museu Afro Brasil, no Parque do Ibirapuera; em Salvador temos a Casa do Benin, no Pelourinho, entre outros espaços dedicados ao resgate da cultura afro-brasileira no Brasil. (N. da E.)

“Qual é a melhor maneira de fazer contribuições impactantes para pôr fim às instituições e políticas destinadas a manter as pessoas não brancas em desvantagem?” – Mike

9.

O CONLUIO

Quem governa o governo

Não sou republicano, nem democrata, nem norte-americano, e tenho bom senso suficiente para saber disso. Eu sou um dos 22 milhões de vítimas negras dos democratas, um dos 22 milhões de vítimas negras dos republicanos e um dos 22 milhões de vítimas negras do americanismo. E, quando falo, não falo como democrata ou republicano, nem como americano. Falo como uma vítima da suposta democracia dos Estados Unidos. Você e eu nunca vimos a democracia; a única coisa que vimos foi hipocrisia.

MALCOLM X, "A CÉDULA OU A BALA" (1964)

Querida leitora ou leitor, deixe-me lembrar a você que nasci e fui criado em Dallas, no Texas. Na eleição de 2016, eu morava na minha cidade natal e procurava uma seção eleitoral. Quem diria, havia uma na igreja bem ao lado da minha casa. Foi a primeira vez que votei no Texas (eu estava em Cleveland na eleição anterior, jogando pelos Browns). Quer dizer, eu não sabia o que esperar e estava achando que ia haver uma longa fila na seção eleitoral. Quando cheguei à igreja, no entanto, não havia ninguém lá, exceto seis ou sete pessoas que trabalhavam na eleição. Eu entrei, cumprimentei os simpáticos funcionários brancos, preenchi minha pequena cédula, depositei-a e saí sorrindo. A coisa toda levou cerca de três minutos e meio, olás e despedidas incluídos.

Agora comparemos isso às eleições de 2018. Nessa época, eu estava morando em Austin, no Texas. Minha casa ficava numa área revitalizada no lado leste da cidade, e a seção eleitoral mais próxima de onde eu morava acabou sendo numa loja numa rede de supermercados populares, uma rede que atuava em bairros de forte presença hispânica em Austin. Nas primárias de 2018, cheguei ao supermercado com a confiança de um sujeito que tinha votado pela última vez num bairro rico, achando que ia simplesmente entrar alegremente em mais uma zona eleitoral e pronto: votar e ir embora. Quando virei a esquina para estacionar o carro, no entanto, vi uma fila de pelo menos duzentas pessoas. *Cara*, pensei, *o que é isso?* Entrei para investigar e vi que a fila serpenteava pela loja e ia até o lado de fora. Eu não conseguia acreditar. "Esta é a FILA para votar", perguntei, "ou estão oferecendo viagens gratuitas para as Bahamas?" As pessoas responderam: "Não, não, não, esta é a fila para votar".

Fiquei tentado a ir embora. Eu tinha um voo para pegar, não podia esperar duas horas e meia na fila. Mas havia uma doce senhorinha negra na minha frente, e ela disse: "É melhor ficar aqui, filho. Lembre-se de tudo o que passamos para podermos votar". Eu olhei pra ela. E esperei na fila.

Agora imagine o seguinte. Enquanto eu entrava e saía de uma seção eleitoral em 2016, não muito longe, em Fort Worth, Texas, uma mulher chamada Crystal Mason foi até sua seção eleitoral para fazer o que a velha senhorinha em Austin me lembrou que eu devia ficar para fazer. Mason, mãe de três filhos, talvez não tivesse votado se sua mãe não a tivesse convencido de que estaria dando um bom exemplo para os filhos. Mason foi até sua seção eleitoral e, para sua surpresa, seu nome não estava nas listas de votação. Determinada, ela registrou um voto provisional, que só seria aprovado depois de mais verificações. Mason era ex-detenta e, ao que parece, não leu as letras miúdas de sua cédula que diziam: "Compreendo que é crime votar numa eleição na qual sei que não estou apta a votar". Mason não apenas não leu essas palavras, mas também desconhecia as leis eleitorais extremamente rígidas do Texas, aquelas que na verdade fizeram com que ela não estivesse apta a votar.

Três meses depois da eleição, ela foi convocada a comparecer a um tribunal de Fort Worth, algemada e acusada de fraude eleitoral. Mais ou menos um ano depois, foi condenada por fraude e sentenciada à pena mais severa possível: cinco anos na prisão. Não parece uma sentença justa para um pequeno engano de uma mulher mãe de três filhos que acreditava estar cumprindo seu dever cívico.

Os Estados Unidos são realmente uma democracia? A resposta curta é não. Tecnicamente, trata-se de uma república, ou o que algumas pessoas chamam de *democracia representativa*. Nossas leis são feitas por representantes que escolhemos (em tese) e que devem obedecer a uma constituição elaborada (em tese) para proteger os direitos da minoria do desejo da maioria. Mas a resposta mais verdadeira é que os Estados Unidos nunca foram uma república para todos os que vivem em seu território.

Então há o racismo sistêmico, certo? Todas essas estruturas sociais, como moradia, escolas e prisões, nas quais as pessoas não brancas seguem sendo prejudicadas. Você deve estar se perguntando: se há leis que mantêm esses sistemas em vigor, por que não se fazem novas leis? Por que não deixamos de eleger as pessoas racistas e rejeitamos as práticas racistas? Este capítulo é sobre esses "por que não".

Afinal, existem ferramentas por meio das quais (algumas das) pessoas que estão no poder ainda perpetuam ativamente os sistemas racistas e privam do voto aqueles que poderiam mudar as coisas – ou seja, os eleitores. Eu chamo toda essa situação de *o conluio*. Se quisermos um país que não seja fundamentalmente racista, precisamos enfrentar *o conluio*, tipo, para ontem.

Vamos passar a limpo

Duas das partes mais manipuladas do sistema democrático norte-americano são as eleições e os júris. Ambas as formas de participação no governo engendram mais discriminação do que poderíamos cobrir no tempo de toda uma partida disputada, incluindo acréscimos e prorrogação, então para poupar espaço vou me concentrar na longa história de supressão eleitoral das pessoas negras e na prática perniciosa de manipular júris contra pessoas negras (e outras pessoas não brancas).

Você já deve ter ouvido falar de uma coisinha chamada colégio eleitoral. Sim, a confusa instituição que fez com que Donald Trump fosse eleito em 2016 e com que George W. Bush fosse eleito em 2000, apesar de seus oponentes terem vencido no voto popular em ambos os casos. Nas aulas de educação cívica, aprendemos que os colégios eleitorais foram criados porque, durante a Convenção Constitucional, os pais fundadores achavam que o norte-americano comum não teria informação suficiente para tomar decisões eleitorais embasadas e inteligentes. Embora seja bem possível que isso fosse verdade, havia também outro fator importante sendo discutido exaustivamente, sem consenso, entre os delegados do Norte e do Sul: o que fazer com as cerca de 500 mil pessoas escravizadas? O resultado desse debate foi o que ficou conhecido como o Compromisso dos Três Quintos.

O artigo 1º, seção 2, da Constituição norte-americana estabelece o seguinte: "O número de representantes, assim como os impostos diretos, serão fixados, para os diversos Estados que fizerem parte da União, de acordo com o número de habitantes, que será determinado pelo número total das pessoas livres, incluídas aquelas em estado de servidão por tempo determinado e, excluídos os índios nativos não tributados, três quintos da população restante".

Traduzindo para leigos, o acordo a que chegaram contava cada pessoa escravizada como três quintos de um ser humano para fins de impostos e representação. Esse acordo deu aos estados sulistas mais votos eleitorais do que se essas pessoas não fossem contadas, mas menos do que se os negros contassem como uma pessoa integral. E essa vantagem política pavimentou o caminho para que nove dos primeiros doze presidentes fossem sulistas escravagistas. Lembre-se de que esses negros escravizados não podiam votar, não podiam possuir propriedades, nem se beneficiar de nenhum dos outros privilégios disponíveis para os homens brancos. Não apenas todo o seu trabalho era roubado deles, mas seu corpo foi usado simbolicamente para conceder mais poder àqueles que os escravizavam. Se vamos falar de conluio eleitoral, o Compromisso dos Três Quintos é o maior deles.

Um século depois, a Décima Terceira Emenda aboliu a escravidão, o que esvaziou o Compromisso dos Três Quintos. A Décima Quarta Emenda, então, concedeu cidadania aos ex-escravizados e deu aos negros suposta "igual proteção perante a lei", enquanto a Décima Quinta Emenda declarava: "O direito de voto dos cidadãos dos Estados Unidos não pode ser negado nem cerceado pelos Estados Unidos, nem por nenhum estado, em virtude de raça, cor ou prévia condição de servidão". Então fim da história? Claro que não. Não demorou muito para que os estados do Sul inventassem maneiras de contornar a Décima Quarta e a Décima Quinta Emenda e impedir que os negros participassem da democracia norte-americana.

Não há melhor lugar para começar do que com as chamadas *cláusulas de anterioridade*. Começando pela Louisiana, entre a década de 1890 e o início da década de 1900, sete estados aprovaram leis que permitiam que qualquer pessoa que tivesse o direito de votar antes de 1867 continuasse votando sem necessidade de comprovar que era alfabetizada, sem que possuísse propriedades ou tivesse que pagar uma taxa eleitoral. Essas cláusulas eram chamadas de *cláusulas de anterioridade* porque os homens brancos (lembre-se: as mulheres ainda levariam décadas para ter direito ao voto) faziam uso de um direito *anteriormente adquirido*. Como a maioria dos negros era escravizada antes de 1867, eles tiveram o direito ao voto negado com base nessas cláusulas. Ainda tinham o direito de votar, legalmente, mas os estados deram um jeito na realidade cobrando uma taxa eleitoral (é exatamente o que você está pensando: pagar para votar), exigindo comprovação de alfabetização (ler e escrever eram proibidos para quem era escravizado) e comprovação de propriedade e até aplicando questionários constitucionais (como alguém passa num teste desses se não sabe ler e nunca viu nada onde essa informação esteja escrita?).

E, a propósito, os estados do Norte também não eram anjos. Com o objetivo de "curar a União" depois da Guerra Civil, eles basicamente deixaram que o Sul fizesse o que queria e, assim, desperdiçaram toda a promessa de reconstrução. A meu ver, os estados do Norte fizeram um pacto com o diabo na época: a fim de garantir seu próprio poder, concordaram que a liberdade não precisava significar poder para as pessoas negras.

As leis de supressão eleitoral não são uma prática ultrapassada. Elas continuam em vigor, usando táticas novas e remodeladas com o mesmo objetivo de sempre: privar os negros de direitos. Como aconteceu no Kansas, onde o secretário de Estado republicano Kris Kobach propôs uma lei que exigia prova de cidadania para votar, sob o pretexto de que não cidadãos estavam votando ilegalmente. A lei foi revogada porque o Tribunal de Apelações argumentou que Kobach, um homem branco, "não conseguiu provar que o ônus adicional aos eleitores era justificado por evidências reais de fraude". No período em que a lei esteve em vigor, 31 mil pessoas foram impedidas de votar, embora o Tribunal de Apelações tivesse observado que não mais do que 39 não cidadãos tinham conseguido votar nos dezenove anos anteriores. Outros estados, incluindo Arkansas, Pensilvânia e Carolina do Norte, promulgaram leis de identificação eleitoral sob a alegação de fraude no documento de identidade dos eleitores. Isso apesar das estatísticas da União Americana pelas Liberdades Civis: até 25% dos cidadãos negros em idade de votar não têm documento de identidade emitido pelo governo, em comparação com apenas 8% dos brancos.

Outras estratégias de supressão eleitoral, também conhecidas como *o conluio*, são as legislaturas estaduais aumentarem ou diminuírem o número de zonas eleitorais num determinado distrito, mudando os horários ou os dias em que as zonas ficam abertas e até mesmo instalando máquinas defeituosas em determinadas zonas a fim de tornar a votação mais demorada. Outra tática comum é expurgar os registros de pessoas que podem votar. Isso é feito removendo do registro de eleitores aquelas pessoas que não votaram por um determinado número de anos ou não receberam o título de eleitor enviado para seu endereço. Essa medida acaba atingindo com mais frequência os negros e as pessoas pobres, que não têm moradia fixa.

E além disso há a prática de redefinir os limites de um distrito eleitoral a fim de invalidar determinados votos. Há duas maneiras de fazer isso: uma é o "ajuntamento", quando os eleitores são agrupados num distrito no qual se prevê que vá haver vitória de um partido de oposição, então os votos extras são desperdiçados nesse partido. A outra é a "partição", quando os eleitores de um partido são divididos em vários distritos onde o candidato adversário vencerá com grande maioria, mais uma vez desperdiçando votos.

Outro conluio eleitoral que tem chamado a atenção: impedir pessoas condenadas por um crime de votarem. A duração e os tipos de restrição variam de estado para estado, desde a proibição pelo resto da vida até pessoas que são impedidas de votar enquanto estão presas, incluindo a restrição de sua capacidade de votar até que tenham completado a liberdade condicional ou pagado determinadas taxas. Impedir que pessoas que estão ou já estiveram encarceradas votem não apenas suprime os votos de eleitores negros, mas também os atinge de forma desproporcional, uma vez que estão em maior número nas prisões e cadeias.

Às vezes, essas táticas falham, felizmente. Quando a legislatura de Wisconsin insistiu em restringir a votação pelo correio e realizou a votação presencial durante a pandemia de 2020, o que se achou foi que essa tática levaria a uma participação eleitoral muito menor dos eleitores democratas (com mais frequência vinculados a zonas eleitorais lotadas na periferia e ao trabalho fora de casa) e asseguraria uma cadeira conservadora na Suprema Corte do Wisconsin. O tiro saiu pela culatra, inspirando, em vez disso, uma enorme participação que ajudou a derrubar a maioria conservadora. E apenas alguns meses atrás um juiz federal da Flórida determinou que uma lei estadual que exigia que condenados pagassem todas as multas pendentes antes de se registrar para votar era inconstitucional.

Muitas vezes, porém, a supressão de votos é bem-sucedida.

Você ficaria surpreso ou surpresa ao saber que outra parte do conluio envolve nossos tribunais e, em particular, nossos júris? Bryan

Stevenson, um homem que dedicou a vida à justiça social (você leu o livro *Compaixão: uma história de justiça e redenção* ou viu o filme *Luta por justiça*?), descreve os tribunais americanos da seguinte maneira: "Temos um sistema de justiça que o trata melhor se você for rico e culpado do que se você for pobre e inocente". Eu acrescentaria ao adjetivo *pobre* o adjetivo *negro*.

Talvez ninguém saiba disso melhor do que Timothy Foster, que em 1987 foi condenado por um júri totalmente branco na Geórgia pelo assassinato de uma mulher branca e sentenciado à prisão perpétua. O caso de Foster foi levado à Suprema Corte dos Estados Unidos, onde se descobriu que a Geórgia havia excluído negros de seu grupo de possíveis jurados usando um processo conhecido como *recusas peremptórias*. A Suprema Corte havia determinado que a seleção de jurados com base na raça era inconstitucional apenas um ano antes do julgamento de Foster, então as *recusas peremptórias* haviam se tornado a brecha: um conjunto de razões racialmente neutras foi apresentado a fim de recusar um jurado negro na esperança de que uma dessas razões seja considerada válida pelo juiz. Adivinhe só: uma dessas razões costuma ser considerada válida.

Uma pequena recapitulação. Durante quase um século, os negros não puderam votar legalmente, mesmo que seu corpo (ou três quintos dele) fosse usado para fortalecer os votos sulistas. Então eles conquistam o direito legal de votar, mas têm que enfrentar todos os tipos de tática nefasta para impedi-los de exercer esse direito. Em seguida enfrentam um sistema de justiça composto não por seus semelhantes, mas por pessoas brancas (em 2017, 71% dos juízes de tribunais distritais dos Estados Unidos eram brancos), que os mandam para a prisão com muito mais frequência do que mandam pessoas brancas. Uma vez libertados, enfrentam ainda mais obstáculos para votar. Se acabarem votando por acidente, enfrentam mais prisão – e se não votarem, bem, têm poucos meios de mudar as leis e aqueles responsáveis por formulá-las.

Uma situação em que sempre perdem, seja qual for o ângulo pelo qual a encaremos. Essa, meu irmão ou minha irmã, é a natureza do conluio.

Vamos ficar desconfortáveis

Por causa da supressão eleitoral, há menos zonas eleitorais em locais de nível socioeconômico mais baixo, particularmente lugares progressistas em estados republicanos. Quando eu estava em Dallas, meu bairro chique com a experiência de votação tranquila também era uma área republicana. Em Austin, no entanto, eu morava numa área revitalizada com um status socioeconômico historicamente mais baixo. O que me lembro daquele dia é que várias pessoas abandonaram a fila e, se tivesse que adivinhar, diria que algumas delas foram embora porque não podiam faltar ao trabalho.

Privilégios eleitorais, júris: é uma conversa difícil para qualquer um que considere a ideologia política uma parte importante de sua identidade, porque você quer acreditar que seu partido é honesto. Nossa democracia deveria ser justa e imparcial, mas a verdade é que tanto republicanos quanto democratas se envolvem na fraude em algum grau. Não é preciso ser um cientista político para ver quão injusto o sistema político nos Estados Unidos têm sido com os negros. Temos que continuar a ter essas conversas difíceis, entre nós, em nossas plataformas de mídia social, nos jornais e assim por diante.

Crystal Mason abriu mão do direito a um júri. Você deve estar se perguntando: por que uma mulher negra no Texas abriria mão do direito de ser julgada por um júri formado por seus pares? É preciso se perguntar se foi porque Mason não acreditava que seria julgada de forma justa por um júri. É preciso se perguntar se Sharen Wilson, a promotora pública republicana que conduziu agressivamente o caso, teria usado recusas peremptórias para garantir exatamente isso. Seja como for, duvido que um júri justo, que incluísse negros e outras pessoas não brancas, teria decidido mandar uma mãe para a prisão por ter preenchido por engano um voto provisional. Em vez de um júri, o destino de Mason foi parar exclusivamente nas mãos do juiz distrital Ruben Gonzalez (sim, vamos dar nomes aos bois), que decidiu que ela deveria cumprir uma pena de cinco anos por ignorar algo escrito em letras miúdas.

"Não faz sentido", disse Mason em entrevista ao *Guardian*. "Por que eu votaria se soubesse que estava impedida de votar? Qual seria meu objetivo? O que eu ganharia perdendo meus filhos, perdendo minha mãe, potencialmente perdendo minha casa? Tenho tanto a perder, só por ter votado." Ela apelou da sentença, mas teve sua apelação negada.

Enquanto isso, no mesmo condado onde Mason votou naquele ano, um juiz chamado Russ Casey se declarou culpado por ter apresentado assinaturas falsas a fim de garantir um espaço numa cédula eleitoral preliminar do Texas. Seu crime não foi, de forma nenhuma, um acidente ou um descuido. Foi uma afronta premeditada ao nosso sistema político. Casey se declarou culpado pelo crime e, por sua confissão de culpa, os tribunais do Texas o sentenciaram a dois anos de prisão – em seguida, comutaram sua sentença de dois anos de prisão para uma sentença de cinco anos em liberdade condicional. Dá para acreditar? Uma sentença de cinco anos mantida para uma mulher negra depois de uma apelação *versus* uma sentença de dois anos comutada em liberdade condicional para um homem branco. O conluio estava em ação nessa época. E o conluio está em ação neste exato momento.

Não basta falar

Se quiser saber mais sobre, por exemplo, a votação por correspondência nas eleições norte-americanas, acesse o site www.usa.gov/absentee-voting.

Entre na campanha para exigir que Crystal Mason seja libertada da prisão. Se tiver oportunidade, visite, por exemplo, a União Americana pelas Liberdades Civis, que, entre outras coisas, trava batalhas jurídicas contra a supressão eleitoral em todo o país. No site (aclu.org/issues/voting-rights/fighting-voter-suppression) há um guia completo de recursos sobre o assunto. Se for possível, doe algum dinheiro para instituições como essa ou que estimulem o voto e eleições mais justas.

Você também pode acessar sites para encontrar informações eleitorais em seu país, estado ou cidade. Identifique quais são os maiores desafios para o exercício do voto livre e pleno das pessoas negras e tente encontrar maneiras de fazer algo para reverter essa situação.

Seja voluntário numa organização comunitária ou num abrigo em sua cidade, um lugar onde você pode encontrar cidadãos que talvez não estejam tão bem informados sobre o processo de votação e seus direitos eleitorais específicos. Ajude a cadastrar eleitores, principalmente em áreas com grande número de negros e/ou pessoas não brancas e/ou pessoas pobres. Na próxima eleição, trabalhe numa zona eleitoral e seja o mais prestativo possível, orientando os eleitores correta e imparcialmente. Visite instituições comprometidas com o progresso e a capacitação de pessoas negras. Você também pode se inscrever como voluntário para ajudar a convencer eleitores a votar. Apoie as lideranças negras e lembre-se de escolher seus candidatos de maneira crítica. Tal como acontece com o racismo sistêmico, os problemas são incontáveis, mas também o são as maneiras de ajudar.

Mais uma observação: dê valor às eleições locais. As legislaturas estaduais têm uma grande influência sobre o que você pode e não pode fazer onde vive; o prefeito aprova o orçamento municipal para coisas como fundos para a polícia e as escolas. Eleições locais conseguem até mesmo tapar os buracos da sua rua, e acho que somos todos contra buracos. Portanto, pesquise sobre os candidatos da mesma forma que faria com os candidatos a presidente. Assista a seus discursos e debates sempre que puder, cobre um posicionamento deles em questões de justiça e preconceito. Responsabilize-os por seu histórico num fórum público. Além disso, sempre se apresente quando for convocado ou convocada a fazer parte de um júri. Se há pessoas não brancas em sua vida, certifique-se de que elas tampouco deixem de comparecer a uma convocação para fazer parte de um júri. Vote, vote, vote, vote, como se sua vida dependesse disso. Como se nossa vida dependesse disso. Elas dependem.

"Os Estados Unidos afirmam ter abolido a escravidão há gerações. Mas com a falta de investimento público nas comunidades negras contribuindo diretamente para a alta população carcerária, e as prisões com frequência se beneficiando do trabalho gratuito dos detentos, será que abolimos de fato o trabalho escravo? Ou será que a Décima Terceira Emenda simplesmente deu uma brecha aos proprietários das prisões?" – Eric

10.

VIDA MARGINAL

Justiça para alguns

Eles matam ou mutilam por impulso, sem nenhum motivo compreensível. (...) O zumbido da violência impulsiva, os olhares e sorrisos vazios, e os olhos sem remorso, (...) eles literalmente não têm nenhum conceito de futuro. Não dão nenhum valor à vida de suas vítimas, a quem desumanizam por reflexo (...) [São] capazes de cometer os atos mais hediondos de violência física pelas razões mais triviais (...) pois enquanto sua energia juvenil perdurar, farão qualquer coisa "naturalmente": matar, estuprar, roubar, agredir, assaltar, traficar drogas e se drogar.

JOHN DILULIO, CRIMINOLOGISTA, CUNHANDO O TERMO "SUPERPREDADOR" NO WASHINGTON EXAMINER, EM 1995

Eu nunca tive nenhum envolvimento com gangues quando era mais novo. Mas quando penso nelas agora, penso nos bairros violentos onde muitas crianças negras crescem, e nas notícias sobre a violência nesses bairros. Quando ouço a expressão *membro de uma gangue*, imagino um menino no ensino fundamental, a quem perguntam sobre o que ele quer ser quando crescer, responder advogado, médico ou jogador da liga nacional de futebol americano, mas nunca "membro de uma gangue". Penso em como algumas pessoas entram para gangues porque querem se sentir protegidas e como outras se filiam a elas porque é o que sua família faz.

Essa segunda razão me lembra de como foi crescer no Texas. Onde eu vivia, ou você ia para a Universidade do Texas em Austin ou ia para a Universidade Texas A&M e ponto final. Era como um culto. Se dirigisse pelos bairros de Dallas, você veria bandeiras ocre e brancas da equipe de atletismo Longhorn, da Universidade do Texas, num quintal e, no quintal ao lado, a bandeira marrom e branca da Texas A&M: arquirrivais na vida. Se seus pais tivessem ido para a Universidade do Texas, era melhor você nem pensar em fazer pirraça e ir para a Texas A&M. As universidades ficavam a apenas uma hora e meia de distância uma da outra, mas poderiam estar nos lados opostos da Lua. Eu era um Longhorn, então me ocupava em odiar a A&M. Com toda a honestidade, eu não sabia por quê. E ainda não sei. Mas até hoje, quando ouço alguém gritando o slogan da Texas A&M, há uma reação visceral de repulsa em mim. Fui condicionado a ver o marrom e o branco e saber que se tratava do meu inimigo.

Você deve estar pensando que o que estou querendo dizer com essa analogia é que é assim que os jovens entram para gangues. E, sim, eu poderia ir por esse caminho – mas primeiro vamos visitar outra cena na qual alguém decidiu odiar um grupo de pessoas por causa de um preconceito herdado. Isso aconteceu na Casa Branca, onde, em 1995, um criminologista e professor de Princeton chamado John Dilulio foi convidado a participar de um jantar oficial com o presidente Bill Clinton cujo tema era delinquência juvenil. Nesse jantar, Dilulio apresentou a Clinton um termo que havia inventado: o *superpredador*. Veja o início do capítulo para essa, digamos, definição pitoresca.

Como deve imaginar, a descrição de Dilulio assustou muita gente. E embora não tivesse dito que todos os superpredadores eram negros, naquele jantar e depois, ele de fato afirmou que o problema seria maior nos bairros negros das grandes cidades e também teve o cuidado de lembrar às pessoas que isso se estenderia para os subúrbios. Isso foi ruim, mas talvez o mais danoso que Dilulio tenha feito foi dizer que os jovens estavam fazendo algo que vinha "naturalmente" para eles, como se a violência estivesse codificada em seu DNA, como se houvesse uma geração de jovens sociopatas negros. Afirmando a naturalidade da violência masculina negra alinhada à nossa longa história de vilanizá-los – lembre-se do Homem Negro Raivoso, meu amigo ou amiga.

Por pior que fosse, a ideia do superpredador pegou. Uma de suas defensoras foi Hillary Clinton, que fez referência a ela num discurso político sobre as medidas anticrime de seu marido. O objetivo dessas medidas, disse ela, era recuperar as ruas que haviam sido usurpadas "pelo crime, pelas gangues e pelas drogas":

> E, de fato, temos feito progresso nesse sentido como nação. Por causa do que os agentes de segurança locais estão fazendo. Por causa do que os cidadãos e as patrulhas de bairro estão fazendo (...). Mas também precisamos fazer um esforço organizado contra as gangues. Assim como fizemos um esforço organizado contra a máfia. Precisamos enfrentar essas pessoas. Elas estão com frequência ligadas a grandes cartéis de drogas. Não são mais apenas gangues de garotos. Muitas vezes, são compostas pelo tipo de jovem que chamamos de superpredadores. Sem consciência. Sem empatia. Podemos falar sobre o que fez com que ficassem assim, mas primeiro temos que contê-los.

Essa mesma linha de pensamento tinha dado origem, em 1994, ao agora notório projeto de lei anticrimes do presidente Clinton, tecnicamente chamado de Lei de Controle de Crimes Violentos e Aplicação da Lei. Esse dispositivo legal implementou coisas como a sentença de prisão perpétua obrigatória para reincidentes depois da terceira condenação, forneceu fundos para a contratação de 100 mil novos policiais e disponibilizou colossais 9,7 bilhões de dólares para novas prisões. Também ampliou os tipos de crime que poderiam resultar na pena de morte. O projeto de lei, juntamente com a imagem do superpredador, ajudou a criar as condições de encarceramento em massa que vemos hoje.

Este capítulo também é uma trilha acidentada. A parte complicada do crime e da punição na comunidade negra é que há muita violência real e trágica sendo perpetrada, muitas vezes contra outros negros – e muitas vezes minimizada como crimes de negros contra negros, de alguma forma menos dignos de nota do que os sempre temidos crimes de negros contra brancos. Essa violência é, em si, produto do racismo sistêmico de formas sobre as quais já falamos um pouco. Ao mesmo tempo, o policiamento e o encarceramento de corpos negros são exagerados e injustos, exacerbados em grande parte pelo espectro racista do superpredador, do membro de gangue, do marginal. É hora de separar a realidade da ficção.

Vamos passar a limpo

Considerando a maneira como as pessoas falam sobre a violência das gangues e os crimes de rua, seria normal pensar que os negros inventaram tudo isso. As gangues são sempre infames por uma razão, mas as primeiras gangues dos Estados Unidos eram na verdade compostas por pessoas brancas e foram formadas logo após a Guerra de Independência (um pioneirismo pouco celebrado). Depois que a imigração norte-americana se intensificou, no século XIX, as gangues "quase brancas" começaram a surgir. Você se lembra do filme *Gangues de Nova York*? Alguns especialistas ainda consideram o grupo irlandês-americano apresentado no filme, a Five Points Gang, a gangue mais importante da história americana. No entanto, de alguma forma, os homens brancos como um todo não ficaram marcados por sua violência.

Os negros e latinos só entraram na cena das gangues no início do século XX, e só começaram a ter uma atuação mais importante nos anos 1950 e 1960. Os Crips e os Bloods são gangues negras, ambas formadas na região centro-sul de Los Angeles, assolada pela pobreza. A gangue dos Crips foi formada no fim dos anos 1960 por dois sujeitos chamados Raymond Washington e Tookie Williams e originalmente se inspirou no Partido dos Panteras Negras – um grupo militante negro que lutava pelos direitos civis. Naquela época, seu papel era fornecer proteção contra outras gangues de bairro, bem como combater o abuso policial. Os Crips dominaram a cena por alguns anos até que uma gangue rival chamada Bloods foi formada na cidade de Compton pelos alunos do ensino médio Sylvester Scott e Benson Owens. A violência entre gangues dos anos 1970 até o início dos anos 1980 raramente era fatal, mas isso mudou com a epidemia de crack nos anos 1980, quando os Crips e os Bloods entraram para o tráfico de drogas. O coquetel de armas, drogas e dinheiro gerou violência suficiente para que, no fim da década de 1980, centenas de assassinatos perpetrados por gangues ocorressem todos os anos.

Estou contando essa história para dizer: essa é a realidade do pior do pior. As gangues como negócios criminosos organizados e brutais. Mas, amigos, tem tanta coisa nas comunidades negras, mesmo entre os jovens ligados a gangues, que não tem nada a ver com isso. Ainda assim, todas as comunidades negras sofrem as consequências dos estereótipos das gangues.

Pode parecer irônico, mas o termo *crimes de negros contra negros* era usado inicialmente por negros na década de 1970, principalmente pessoas que escreviam sobre a criminalidade em Chicago. Logo depois, o líder negro Jesse Jackson começou a fazer duras críticas a autoridades governamentais brancas e à mídia por "seu silêncio e ineficácia em lidar com a atual crise de crimes de negros contra negros". Jackson estava, na verdade, reclamando da injustiça do sistema de justiça criminal, de como os negros estavam sendo tratados de forma mais severa. Então um famoso psiquiatra negro chamado Alvin F. Poussaint publicou um livro intitulado *Why Blacks Kill Blacks* [Por que negros matam negros] (tinha até uma introdução de Jesse Jackson). Na década de 1980, o termo já tinha sido tão utilizado que ficou na consciência da população. Também se transformou de negros bem-intencionados denunciando um sistema de justiça injusto e os produtos do racismo sistêmico em brancos defendendo que a violência é endêmica entre os negros e elaborando políticas que agravam o problema.

Atualmente, os defensores do "Todas as vidas importam" costumam recitar a estatística de que a maioria dos negros é morta por negros e questionam por que os negros se preocupam mais com os crimes de brancos contra negros – especificamente, mortes provocadas por policiais – do que com os crimes de negros contra negros. Isso não é verdade. As pessoas negras se preocupam com a possibilidade de serem assassinadas. Além de sua gênese obscura, o *crime de negro contra negro* é um termo enganoso fora de contexto. A parte mais importante do contexto: que a maioria dos crimes violentos contra brancos é perpetrada por brancos. Por mais triste que possa parecer, as pessoas geralmente cometem crimes contra pessoas de sua mesma raça. E eu nunca ouvi ninguém na vida (você já ouviu?) se referir a pessoas brancas que matam pessoas brancas como *crimes de brancos contra brancos*.

Quer saber a verdade? A pobreza, não a raça, é um indicador mais preciso de quem comete crimes. Considerando que os crimes de negros contra negros de fato existem, eles são produto de, entre outros fatores sistêmicos que já discuti, moradia segregada, pobreza concentrada e escolaridade desigual. De acordo com o Bureau for Justice Statistics [Central de Estatísticas de Justiça], as pessoas que vivem em famílias com renda abaixo da linha de pobreza estabelecida pelo governo federal têm duas vezes mais probabilidade de cometer crimes violentos do que pessoas de famílias de alta renda, independentemente da raça. Estamos fazendo tudo errado. O mais rígido projeto de lei de combate ao crime seria um rígido – o mais rígido possível – projeto de lei de combate à pobreza.

Sim, há um problema de criminalidade em muitas comunidades negras que certamente precisa ser resolvido. Mas aquilo de que os negros não precisam e o que não aguentam mais é o estigma de que se trata de um problema apenas dos negros. Deixe-me dizer mais uma coisa: nem o policiamento violento nem o encarceramento em massa são a resposta. Você já ouviu a frase "Os homens mentem, as mulheres mentem, mas os números não"? Bem, veja só algumas das estatísticas do relatório *An Unjust Burden: The Disparate Treatment of Black Americans in the Criminal Justice System* [Um fardo injusto: a diferença do tratamento dado aos negros norte-americanos no sistema de justiça criminal]:

- Os homens negros representam cerca de 13% da população masculina dos Estados Unidos, mas são quase 35% dos homens que estão sob custódia estadual ou federal cumprindo pena de mais de um ano.

- Um em cada três homens negros nascidos em 2001 pode esperar ser encarcerado durante a vida, em comparação com um em cada seis homens latinos e um em cada dezessete homens brancos.
- Pessoas negras são encarceradas em prisões estaduais a uma taxa 5,1 vezes maior do que a dos homens brancos.
- Uma em cada dezoito mulheres negras nascidas em 2001 será encarcerada em algum momento da vida, em comparação com uma em cada 45 mulheres latinas e uma em cada 111 mulheres brancas.
- Quarenta e quatro por cento das mulheres encarceradas são negras, embora as mulheres negras constituam apenas cerca de 13% da população feminina dos Estados Unidos.

É fácil perceber que as pessoas negras – em especial os homens negros – são policiadas em excesso. As estatísticas que apresentei acima mostram isso em dados concretos. E isso não é algo surgido do nada, mas, sim, resultados previsíveis de anos de políticas racistas.

Agora que estabelecemos esse contexto, quero falar de algo com que você deve se deparar regularmente. Se já ouviu alguém falar sobre gangues e violência, deve ter ouvido essa pessoa mencionar a palavra *marginal*. De tempos em tempos, o que ainda é frequente demais, essa palavra é usada no futebol americano. Depois de uma imprudente entrevista pós-jogo, ainda em campo, durante o campeonato da liga nacional de futebol americano de 2013, Richard Sherman, que jogava pelos Seahawks na época, se exaltou ao reclamar do jogador Michael Crabtree. Caramba, ele provavelmente nem tinha saído do vestiário ainda e já estava sendo alvo da ira do Twitter, e todos os fóruns de discussão sobre esportes estavam contra ele. Algumas dessas pessoas o chamaram de *marginal*. Sherman, que mais tarde se desculpou pela entrevista, se ofendeu com esse rótulo. Ele classificou as pessoas usando a palavra *marginal* para descrevê-lo como uma nova maneira de usar a palavra que começa com "n" para se referir aos negros. Sherman é um cara inteligente, formado em Stanford, e devo dizer que ele tinha razão.

Sherman não foi o primeiro, e infelizmente não será o último homem negro a ser chamado de *marginal*. Se vasculharem a memória, aposto que vão se lembrar de outros exemplos de negros sendo chamados de *marginais*, aposto que já ouviram a polícia ou um político usar a palavra *marginal* para descrever um homem negro da periferia, um manifestante agressivo ou um atleta, como Sherman, que extrapola os limites do que os fãs de esportes consideram normal

A palavra em inglês, *thug*, vem da palavra hindi *thuggee*, que significa "impostor", "ladrão" ou "vigarista". Essas pessoas roubaram e assassinaram na Índia por mais de quinhentos anos. A palavra só pegou nos Estados Unidos quando Mark Twain escreveu sobre eles no século XIX, numa obra na qual deu à palavra a conotação de gângster. Naquela época, os brancos mantinham a marginalidade americana sob estrito controle. (Lembre-se, os negros ainda eram escravizados; em outras palavras, não tinham a liberdade nem mesmo de ser marginais.) Mas como *marginal* sempre teve uma conotação negativa, e como desde o início os negros foram associados a estereótipos negativos, foi fácil pintá-los como marginais depois da emancipação e foi fácil que isso se popularizasse.

Agora, não vou dizer aqui que o termo não se encaixa no comportamento de algumas pessoas, incluindo negros, mas também quero que você se lembre de uma coisa quando vir alguém usá-la. Chamar alguém de marginal é colocar essa pessoa num *continuum* que termina em superpredador. É uma maneira de dizer: isso é o que você *é*, não apenas o que você faz – ou, com mais frequência, o que outras pessoas que se parecem com você fizeram. Um marginal é o arquétipo fictício dos pesadelos de Dilulio, um substituto para o homem negro irremediavelmente mergulhado na violência ou nas drogas; um vetor do crime que precisa ser temido e detido; uma caricatura em vez de um ser humano. E esse tipo de pensamento não é aquilo de que precisamos para acabar com a violência das gangues *ou* o policiamento excessivo nos Estados Unidos.

Conclusão: o sistema de justiça criminal norte-americano frequentemente trata os negros como marginais, e não como pessoas. Assim, o ciclo se perpetua, e tanto os estereótipos quanto a violência real persistem indefinidamente.

Vamos ficar desconfortáveis

Primeiro, uma última reflexão sobre *marginal.* Assim como acontece com a palavra que começa com "n", os negros fazem o possível para atenuar um pouco a dor que ela provoca. Você conhece o velho ditado "Se não pode vencê-lo, junte-se a ele"? É assim.

Eu não cresci ouvindo Tupac ou Biggie (na verdade, meus pais gostavam de música gospel nigeriana), mas tinha visto fotos da expressão THUG LIFE [vida marginal], que Tupac tinha tatuada no abdome. Já havia ouvido canções antigas do grupo Bone Thugs-n-Harmony (aqueles caras sabiam cantar!). Hoje, há Slim Thug e Young Thug, e tenho certeza de que há outros rappers chamados Thug que eu nem conheço. Vá em frente e ouça a música deles, pode dizer a todos que Slim Thug é o seu favorito. Só não chamem as pessoas de *marginais.*

Quanto à criminalidade, acredite em mim, eu entendo. Ninguém quer se colocar conscientemente em perigo. Os Estados Unidos estão impregnados de estereótipos sobre o perigo dos homens negros e, quando isso se mistura às estatísticas reais de prisão e encarceramento desproporcional de negros, pode ser difícil saber em que acreditar quando você está debatendo consigo mesmo se deve atravessar a rua ao avistar um sujeito de casaco com capuz. Mas você também precisa considerar muitas coisas sobre as quais falei neste livro. Não existiria o estereótipo de homens negros como pessoas inerentemente perigosas sem que, nos Estados Unidos, o presidente Wilson dissesse que *O Nascimento de uma Nação* era "como a história escrita num lampejo", sem todas as mentiras e toda a propaganda usadas para linchar homens negros, sem os negros serem caluniados como superpredadores.

Este livro não vai fazer com que você perca repentinamente todos os seus preconceitos. Mas para aqueles que se perguntam se serão capazes de evoluir em sua maneira de pensar, ofereço Hillary Clinton como exemplo. Em 2016 – num evento de arrecadação de fundos para sua própria campanha presidencial –, Clinton foi confrontada por uma ativista do Vidas Negras Importam chamada Ashley Williams. "Eu não sou uma superpredadora, Hillary Clinton. Será que pode se desculpar com os negros pelo encarceramento em massa?", disse Williams, enquanto brandia um cartaz com as antigas palavras de Clinton voltado para ela: "Temos que contê-los". Williams não conseguiu muito mais do que isso antes que os doadores que haviam pagado quinhentos dólares por cabeça começassem a pedir que se calasse e o Serviço Secreto a escoltasse para fora do prédio. Williams tampouco obteve uma resposta de Clinton naquele dia. Mas vamos dar graças a Deus pelos vídeos gravados com o celular que viralizam na internet. As pessoas viram o enfrentamento, e jornalistas começaram a escrever sobre ele. E, quem diria, numa entrevista ao *Washington Post* alguns dias depois, Williams e os negros receberam um pedido de desculpas de Clinton: "Naquele discurso, eu estava falando sobre o impacto dos crimes violentos e dos perversos cartéis de drogas em comunidades em todo o país e sobre o perigo específico que representavam para as crianças e famílias", disse Clinton. "Olhando para trás, eu não deveria ter usado aquelas palavras e não as usaria hoje."

Não basta falar

Da próxima vez que ouvir alguém mencionar crimes de negros contra negros, explique que isso não passa de um mito. Você pode começar com uma pergunta: você sabe de onde veio o termo crimes de negros contra negros? Além disso, eis uma mudança de mentalidade nascida da linguagem: em vez de pensar em justiça criminal, pense em justiça. Entramos num território difícil quando usamos a palavra *criminal*. Não que criminosos não existam, mas quem acaba sendo chamado de criminoso, e por quê, não é algo simples e geralmente tem a ver com raça e classe social, ou ambos. Na mesma linha de raciocínio, mais uma vez, tente parar de usar a palavra *marginal*, mesmo que seja de brincadeira. Espero ter deixado claro quão prejudicial ela pode ser. Como o filósofo Norman Vincent Peale costumava dizer: "Mude seus pensamentos e você mudará seu mundo".

Visite o site do Sentencing Project (sentencingproject.org). Dê uma olhada também no Marshall Project (themarshallproject.org), site jornalístico focado na reforma da justiça e em repensar o papel da polícia na segurança pública. Também convido você a visitar o site da Pen American (pen.org) e a ler alguns dos maravilhosos escritos que saem das prisões. Se estiver interessado na humanidade das pessoas que estão encarceradas, quem melhor para ensinar sobre isso do que quem está realmente atrás das grades?

Dois filmes clássicos que de fato se aprofundam na complexidade das gangues e dos chamados *marginais* são *Os Donos da Rua*, de John Singleton, e *Perigo para a Sociedade*, dos irmãos Allen e Albert Hughes. Se estiver realmente interessada ou interessado em compreender a situação dos jovens negros em gangues, assista aos dois. Experimente também assistir à série *Olhos que Condenam*, de Ava DuVernay, sobre o erro judiciário conhecido como o julgamento dos Cinco do Central Park.

Cobre seus representantes para que defendam políticas de justiça responsável. Duas causas oportunas pelas quais você pode considerar lutar: a proteção dos encarcerados contra a Covid-19 e a reavaliação, para possível libertação, de pessoas que cumpriram longas sentenças de prisão e que já passaram da idade de cometer crimes.

“Por que você acha que muitas comunidades afro-americanas sofrem com a pobreza, o crime e também a ausência de uma figura paterna em casa? É tudo por causa da opressão?” – Lisa

11.

JUNTANDO OS CACOS

A luta da família negra

A desagregação da comunidade negra, para manter a escravidão, começou com a desagregação da família negra. Homens e mulheres não tinham autorização legal para se casar porque não se podia permitir esse tipo de amor. Isso poderia atrapalhar a economia da escravidão. Seus filhos podiam ser tirados de você e literalmente vendidos rio abaixo.

Kerry Washington

Quero começar reconhecendo que este capítulo, para mim, foi o mais difícil de escrever. Porque é o mais distante da minha experiência pessoal. Eu sou como a maioria das pessoas que estão lendo este livro, que crescem num lar com pai e mãe ou com a presença de ambos em sua vida. Foi assim que cresci: com meu pai e minha mãe presentes. Meu pai só deixou de ir a uma única partida em toda a minha carreira de jogador de futebol americano no ensino médio e na faculdade. E eu sei que meu pai só deixou de ir a uma partida porque ele só deixou de ir a *uma* partida. Vi minha mãe voltar a estudar e fazer o doutorado depois de já ter cinquenta anos, algo que me inspirou, me encorajou e me ensinou que eu não tinha nenhuma desculpa. Não bebo porque nunca vi meu pai beber. A razão de raramente dizer palavrões é porque nunca ouvi meus pais dizerem palavrões. Eu sei que meus pais são a razão de eu ser quem sou.

Dito isso, um dos meus melhores amigos da liga nacional de futebol americano é Earl Wolff. Meu companheiro Earl é de Fayetteville, Carolina do Norte. Seus pais se separaram quando ele tinha mais ou menos sete anos e, depois disso, o pai não participou muito de sua vida. Ainda assim, Earl conseguiu entrar para a Faculdade Estadual da Carolina do Norte, onde jogou futebol americano (ele jogava na defesa e é um dos principais *tacklers* de todos os tempos em sua posição), e em seguida foi convocado para a liga nacional, na qual jogamos juntos pela equipe dos Eagles. Ele foi criado pela mãe, Sharon, e pela adorável avó, Grace. Eu fui à casa da família de Earl no Dia de Ação de Graças um ano – ainda posso sentir o gosto da batata-doce, da couve, da torta de abóbora, das asas de frango e do macarrão com queijo... Hummmm, aquelas senhoras sabiam como impressionar. Foi incrível.

Refeições à parte, porém, perguntei a Earl como tinha sido crescer numa casa com apenas um dos pais. Ele disse que a mãe teve que desempenhar o papel de mãe e pai, mas que isso também tinha feito com que ela se tornasse sua melhor amiga. Durante os anos em que estudou na Faculdade Estadual da Carolina do Norte, Sharon foi a todas as partidas que ele disputou. Ela sempre se sentava no mesmo lugar nas arquibancadas, exceto no terceiro ano da faculdade, quando não estava lá porque estava servindo no Kuwait.

Sharon tinha se alistado no Exército para sustentar a família e foi por isso também que foi para o Kuwait – não foi uma ordem militar, mas uma decisão financeira. Ela queria ter certeza de que seus filhos teriam segurança. Durante todo o tempo em que esteve fora do país, quando Earl ficava um longo período sem ter notícias dela, morria de medo. Uma vez, enquanto esperava por notícias, ele simplesmente começou a chorar, porque sabia que ela poderia morrer a qualquer momento. A mãe de Earl arriscava a vida todos os dias para garantir que seus filhos tivessem o que comer. E embora ele tenha me dito que não guardava nenhuma mágoa por ter sido criado apenas pela mãe, fiquei pensando que, se a mãe dele tivesse um companheiro, esse companheiro poderia ter arcado com parte da responsabilidade financeira, e Earl não teria jogado seu penúltimo ano escolar com medo de a mãe ser morta.

Earl e eu viemos de estruturas familiares totalmente diferentes, mas chegamos ao mesmo lugar. Não estou aqui para dizer que uma pessoa não pode ser bem-sucedida na vida tendo qualquer origem, tampouco estou aqui para dizer que as mulheres que criaram meu amigo não fizeram um trabalho incrível. Dito isso, temos que conversar sobre o que as famílias negras enfrentam. As famílias negras têm taxas muito mais altas de lares com apenas um dos pais. Esses lares monoparentais significam menos renda e um maior risco de pobreza. Esses lares também produzem taxas de evasão escolar mais altas, taxas de gravidez na adolescência mais altas e maiores chances de ter problemas com a justiça – além de uma série de outras consequência negativas. O que precisamos discutir não é o fato de famílias desestruturadas serem ruins: isso é óbvio. O que precisamos discutir é: quem as desestruturou e como isso aconteceu?

Vamos passar a limpo

Quero levá-lo ou levá-la de volta, neste caso, a 24 anos antes do fim da escravidão nos Estados Unidos. A seguir está a transcrição de uma carta de um certo Cecar Pugh, um "homem de cor" livre, para um proprietário de escravos na Carolina do Norte, o estado onde ele havia sido escravizado. Na carta, que devemos admitir ser bem escrita, mesmo com alguns erros (mantidos aqui), para alguém que foi proibido de ler e escrever durante boa parte da vida, ele pergunta ao proprietário de escravos sobre a possibilidade de comprar um de seus próprios netos para cuidar dele na velhice:

> *Carolina do Sul Distrito de Anderson 29 de novembro de 1841*
>
> Prezado, queira me desculpar por me atrever a escrever ao sinhor, visto que o assunto pode não ser de seu interesse, mas sim de interesse para mim mesmo. Fiquei sabendo que o sinhor possui uma mulher negra chamada Harriett e sua família de crianças, disseram, e eu acho que ela é minha filha e a única que tenho viva. Quero que ela saiba que estou gozando de uma saúde razoável e pretendo ir ver ela assim que for conveniente e se for conveniente para o sinhor e ela. Quero que um dos filhos dela cuida de mim neste meu fim de vida e estou disposto a pagar um preço justo por ele se o sinhor me deixar ficar com ele e fizer a gentileza de me avisar imediatamente, escreva pelo correio e dirija a carta ao exmo. sr. Henry Cobb Correios de Golden Grove Dist. de Greenville CS.
>
> Meu nome é Cecar, nascido e criado perto de Winsor e antes pertencente à família Pugh – a mãe de Harriett se chamava Patsy e pertencia ao dr. Darby, se o senhor por favor escrever para mim e mandar a carta conforme escrito acima e me diga se vai me deixar ficar com um dos filhos dela ou não e qual é o preço e que tipo de dinheiro o senhor gostaria como pagamento. Não sei o nome dele, mas acho que é John ou James.
>
> Com todo o respeito, Cecar Pugh
> Um homem de cor
>
> *[Cortesia dos Arquivos do Estado da Carolina do Norte]*

Observe que ele se autodenomina um homem de cor livre – o uso de "homem" implica homem livre –, mas está procurando uma filha escravizada. Consegue imaginar ser uma pessoa livre, mas saber que sua filha e seus netos ainda são escravizados? Repare que ele procura a filha, mas não sabe o sobrenome dela. Agora imagine as circunstâncias nas quais seu pai ou sua mãe não soubesse seu sobrenome. Ele nem ao menos sabe o primeiro nome do neto: de novo, imagine que fosse o seu avô. E não vamos esquecer que ele está tentando comprar o neto para ajudar a cuidar dele na velhice. Isso significa que foi doutrinado a ver seus próprios parentes como propriedade?

Comecei com essa carta porque simplesmente não podemos falar sobre o fenômeno das famílias negras desestruturadas sem o contexto da escravidão. Lembre-se de que, legalmente, as pessoas escravizadas eram propriedades, não pessoas. Portanto, não podiam celebrar contratos, incluindo contratos de casamento. As pessoas escravizadas ainda assim estabeleciam uniões não "legais", mas eram sempre uniões precárias. Se o marido pertencia a uma pessoa e a esposa e os filhos a outra, era chamado de *casamento externo*. Um pai podia caminhar vários quilômetros para ver a esposa e os filhos na quarta-feira ou no sábado à noite, considerando que tivesse realizado todo o trabalho para seu senhor. Alguns proprietários deixavam os escravizados escolherem seus parceiros, enquanto outros arranjavam casamentos, forçando os escravizados a se relacionar com alguém que não teriam escolhido. No que se refere à vida familiar, as mulheres voltavam a trabalhar logo após o parto e, quando atingiam a idade escolar – embora não frequentassem a escola –, as crianças eram colocadas para trabalhar: abanando moscas da mesa de seus donos, cuidando dos filhos mais novos deles, executando pequenas tarefas e, por fim, trabalhando nos campos, como seus pais. Não existia, para um pai, a preocupação de sustentar a família, já que todo o seu trabalho era destinado a beneficiar outra pessoa. E quando não estavam trabalhando no campo, as mães cuidavam do serviço da casa e/ou dos filhos dos brancos. Quando algum escravizado conseguia de alguma forma superar esses obstáculos e formar algo que se assemelhasse a um casamento e uma família, sempre havia a ameaça de que o dono separasse essa família.

Depois da Guerra Civil, milhares de negros tentaram se reunir à sua família, alguns deles cruzando meio continente nessa busca. Centenas publicaram anúncios em jornais e enviaram cartas ao Freedmen's Bureau em busca de esposa, marido, filhos e outros membros da família que haviam sido vendidos. Alguns pais voltavam ao lugar onde tinham sido vendidos para resgatar os filhos. Em alguns casos, quando pessoas que haviam sido vendidas para outros lugares e formado uma nova família eram encontradas pela família anterior, formavam famílias combinadas para manter todos juntos. Milhares de negros antes escravizados formalizaram o casamento.

Durante muitos e muitos anos, ainda foi uma árdua batalha reunir uma família e mantê-la unida.

Antes de prosseguir, deixe-me dizer algumas palavras sobre o pior de todos os argumentos: que é assim que as famílias negras são. Como se os negros tivessem uma predisposição genética para essa fragmentação. Se famílias desestruturadas são algo que faz parte da natureza dos negros, como explicar todos esses esforços após a guerra? Como explicar por que os negros não tinham famílias desestruturadas quando viviam na África? Como africano e americano de primeira geração, posso dizer com segurança que na Nigéria os laços familiares são tão fortes quanto nos Estados Unidos, se não mais fortes. Se este livro enfatizou alguma coisa, é que a história desempenha um grande papel no tipo de país em que vivemos agora. O que vemos da família negra é o legado das primeiras famílias negras dos Estados Unidos. Então, se a fragmentação não é inerente, por que esse legado persistiu por tanto tempo?

Aos negros foram prometidos "quarenta acres e uma mula" depois da guerra, mas a maioria deles nunca os recebeu. (O presidente Andrew Johnson não cumpriu a promessa.) O que ganharam em vez disso foram os Códigos Negros, leis que lhes impunham restrições na maioria das áreas da vida, ao mesmo tempo que possibilitavam que ex-proprietários de escravos os recontratassem. Muitos negros trabalhavam como meeiros, o que era basicamente uma relação senhor-escravo atualizada para o status de camponês-senhor feudal. Muitos estudiosos argumentam que é possível traçar uma linha reta entre o alto número de lares monoparentais negros hoje e as severas dificuldades econômicas depois da emancipação. As mães acabavam tendo que trabalhar em vez de ficar em casa e criar os filhos. Os pais ficavam desempregados ou eram forçados à nova modalidade de trabalho escravo. Os recursos para a educação também eram, desnecessário dizer, medíocres. Essas condições de pobreza perduraram por décadas.

Em 1965, Daniel Patrick Moynihan, então secretário adjunto do trabalho dos Estados Unidos, publicou *The Negro Family: The Case for National Action* [Famílias negras: em defesa de uma ação nacional], também conhecido como *The Moynihan Report* [O relatório Moynihan]. Ele analisou a ligação entre a pobreza e a estrutura familiar dos negros. Moynihan escreveu que o colapso da família nuclear negra impedia o progresso em direção à igualdade. Esse relatório se tornou, de acordo com o *Atlantic*, "um dos documentos mais controversos do século XX". Os progressistas argumentaram que ele defendia políticas cujo objetivo era corrigir as desigualdades baseadas na raça, enquanto os conservadores defendiam a iniciativa própria – de pessoas que, de modo geral, não podiam ter nenhuma iniciativa – e/ou usavam o relatório para reforçar estereótipos sobre moralidade familiar permissiva em famílias negras.

Três anos depois, em 1968, o presidente Lyndon Johnson nomeou um comitê para investigar as divisões raciais. A Comissão Consultiva Nacional sobre Desordens Civis, mais conhecida como Comissão Kerner, publicou um relatório contundente sobre o estado das relações raciais nos Estados Unidos. (Os burocratas adoram um relatório!) Sua frase mais famosa: "Nossa nação está avançando na direção de duas sociedades, uma negra e uma branca – separadas e desiguais". O Relatório Kerner tinha muito a dizer sobre o papel da mídia nisso:

> A mídia há muito tempo desfruta de um mundo branco, olhando para fora dele, quando olha, com olhos de homens brancos e uma perspectiva branca. Os pesquisadores apontam consistentemente para um padrão de seleção e cobertura de notícias que representa as visões e os valores do mundo homogêneo dos jornalistas (...) a ordem social dos setores público, empresarial e profissional, da classe média alta, da meia-idade e dos homens brancos.

Dê uma olhada no seu noticiário local. Observe como os negros e as pessoas não brancas são retratados. Aposto que o que você vai ver são extremos: atletas e artistas retratados como semideuses, e os outros negros retratados como pobres, violentos ou criminosos. O que vai ver são negros vítimas da violência e da pobreza ou histórias comoventes sobre as grandes conquistas do primeiro negro nisso e naquilo. Imagine a chicotada, as mensagens paralelas sobre possibilidades para o futuro para qualquer criança negra que esteja assistindo. Tudo isso provavelmente transmitido numa voz, aquela voz padrão (branca) do noticiário, que não se assemelha em nada a sua experiência.

Hoje, tanto quanto em 1968, os norte-americanos ouvem repetidamente sobre a família negra desestruturada, de tal forma que muitos brancos acreditam que esse é nosso estado natural. Enquanto isso, essas mensagens corroem a autoestima dos negros. Alguém com uma autoestima saudável talvez possa, digamos, ignorar a suposição dos outros de que essa pessoa não tem uma figura paterna ou superar os obstáculos reais impostos por essa situação. Mas e quem nunca vê imagens com as quais possa se identificar, que não se ouve na televisão, que começa a não acreditar em seu valor como ser humano? Como essa pessoa se torna um membro positivo de uma família saudável? Talvez não consiga.

Se você me dissesse, num ano qualquer, que eu tinha uma chance em quatro de ganhar um Super Bowl, eu teria ficado eufórico. Mas eis uma estatística de um em quatro muito menos atraente: cerca de um em cada quatro negros americanos vai sofrer de um transtorno de ansiedade em algum momento da vida. Os pesquisadores dizem que os negros que vivenciam o racismo crônico podem desenvolver algo chamado *fadiga da luta racial*, um estado que inclui, entre outros sintomas, ansiedade, preocupação, hipervigilância, dores de cabeça, aumento da frequência cardíaca e da pressão arterial. Os estudos *National Comorbidity Survey Replication* e *National Survey of American Life* [Pesquisa nacional sobre comorbidades e Pesquisa nacional sobre a vida americana] revelaram que quase uma em cada dez pessoas negras, na verdade, sofre de transtorno do estresse pós-traumático. Sim, o mesmo distúrbio que acomete soldados que vão para a guerra. E, quer seja transtorno do estresse pós-traumático, quer seja qualquer outra coisa, os negros têm 20% mais probabilidade do que os brancos de sofrer de sérios problemas psicológicos. O suicídio é a terceira principal causa de morte para pessoas negras com idade entre 15 e 24 anos, e os homens negros correm um risco quatro vezes maior do que as mulheres negras.

Não quero encher a sua cabeça com mais números, e sei que esses dados são particularmente desanimadores – mas quero que você tenha uma noção de como tudo que discutimos aqui afeta as pessoas negras. É mais difícil manter uma família unida quando você está lutando por sua saúde mental, senão por sua vida. Ah, e é uma recapitulação, mas não vamos nos esquecer do sistema educacional desigual, dos estereótipos que vilipendiam os jovens negros, do sistema judiciário que traça uma linha direta para a prisão, da discriminação na contratação e, para completar o cenário, das práticas habitacionais racistas. Todas essas coisas atuam juntas no sentido de desestabilizar os negros, tornando cada vez mais difícil manter as famílias intactas.

Vamos ficar desconfortáveis

Não estou tentando fazer com que você se sinta culpado ou culpada. É sério. Mas estou tentando colocar essa ideia de famílias negras desestruturadas em contexto, e isso significa compreender o papel que a branquitude desempenhou nessa desintegração. Significa, como em todos os capítulos deste livro, examinar e ouvir com mais atenção.

Como mencionei, cresci num lar sólido com pai e mãe e, durante toda a minha infância, quase sempre convivi com o mesmo tipo de família que a minha. Mas pude ver alguns dos efeitos da luta da família negra quando fui para a faculdade, onde muitos dos meus companheiros de equipe negros tinham sido criados apenas pela mãe ou pelos avós. Eu lembro que, nas visitas de recrutamento às universidades, eu via um candidato branco chegar com ambos os pais, totalmente despreocupado. E, em seguida, via um candidato negro entrando apenas com a mãe. Depois que nos tornamos companheiros de equipe, pude ouvir histórias sobre como tinha sido a infância deles, e sua infância havia sido muito diferente da minha vida. Embora me sentisse grato por meus pais e pelos recursos e exemplos que eles me deram, era duro ouvir sobre o que acontecia com crianças que nunca conheceram o pai, ou cujos pais foram mortos ou mandados para a prisão, conhecer caras cuja mãe lutava contra o vício ou que tiveram que crescer sustentados com subsídios do governo. Agora sei muito mais sobre a dor dos meus irmãos e irmãs negros e sobre como as crianças negras precisam se esforçar para superar e desafiar as probabilidades.

Temos que trabalhar juntos para garantir que as probabilidades sejam melhores.

Não basta falar

Na próxima vez em que ouvir alguém falando sobre famílias negras desestruturadas, certifique-se de ajudar a contextualizar a questão. Fale sobre a história das famílias negras e da escravidão. Fale sobre como a mídia retrata os negros e como isso molda todas as nossas percepções. Fale sobre racismo sistêmico.

Outra mudança de linguagem para você: eu usei *desestruturada* neste capítulo porque é um termo prevalente, mas não gosto de usar essa palavra, pelo mesmo motivo que uso *escravizado* em vez de *escravo*. Chamar uma família de *família negra desestruturada* faz com que pareça que essa falta de estrutura é de alguma forma natural, simplesmente como as famílias negras são – quando sabemos agora que a desarticulação se deve em grande medida às forças sistêmicas. E se, em vez disso, as chamássemos de famílias *desmanteladas*? Isso daria mais ênfase ao fato de que as famílias negras não se desmantelam sozinhas. Pense nisso, meu amigo ou amiga.

Inscreva-se para ser mentor ou mentora de jovens negros. Doe tempo ou recursos para uma escola pública perto de você. Peça à sua empresa que destine parte dos impostos a um programa sem fins lucrativos que ajude jovens em risco ou pais e mães solteiros.

Se quiser mais contexto, leia *The Moynihan Report* e *The Kerner Report*. Pergunte a si mesmo quanto as coisas mudaram desde 1960. E, por favor, apoie a arte negra – livros, música, tevê, filmes, artes visuais –, especialmente aquelas obras que apresentem imagens e caracterizações complexas de pessoas negras. Eu recomendo o romance *Se a rua Beale falasse*, de James Baldwin, e a adaptação cinematográfica de Barry Jenkins, uma excelente caracterização de como as famílias negras resistiram nos anos 1950 e 1960, contra todas as probabilidades. Recomende a seus amigos quando gostar de algo. Quanto mais lucrativos esses projetos se tornarem, mais deles existirão no mundo. Quanto mais existirem, maior a probabilidade de haver representações complexas de pessoas negras. Quanto mais complexas as representações, melhor para combater os estereótipos nocivos, e maior a chance de ampliar as perspectivas sobre as pessoas negras.

Parte III

NÓS

"Sou um homem branco casado com uma mulher negra, e temos dois filhos lindos. Como homem branco, não consigo nem imaginar as pressões de ser negro nos Estados Unidos. Como pai de crianças inter-raciais, tenho medo de não conseguir prepará-los adequadamente para o futuro. Como posso explicar a meu filho e minha filha que a vida pode ser mais difícil para eles do que foi para mim?" – Kevin

12.

O AMOR SEMPRE VENCE

A família inter-racial

Minha jornada pelo amor não pode ser diferente só por causa da cor da pele de alguém. E as pessoas não podem me julgar por escolher alguém que não se parece comigo. Sinto que as pessoas esperam que eu escolha alguém que se pareça comigo, mas isso não é justo. Elas deveriam querer que eu me apaixonasse por qualquer pessoa com quem me sinta em sintonia.

RACHEL LINDSAY

Recentemente, recebi dois casais inter-raciais em meu programa: Rachel Lindsay e Bryan Abasolo, da 13ª temporada do reality show *The Bachelorette*, e a medalhista olímpica Lindsey Vonn e P. K. Subban, astro da defesa do New Jersey Devils. Eu os confrontei com uma pergunta que um de meus telespectadores me fez, que foi se eu, como homem negro, me sinto traído quando vejo uma mulher negra com um homem branco. Já fui questionado sobre como me sinto em relação a esse tipo de relacionamento muitas vezes. E o que disse nessas ocasiões, e repito agora, é que não me sinto traído, mas me sinto um pouco incomodado – um pouco curioso para saber o que está acontecendo.

Foi estranho ouvir isso? Aguente firme, porque vamos ficar desconfortáveis. Primeiro, porém, quero fazer um balanço de onde estamos agora. Até o momento, este livro tratou principalmente da divisão entre negros e brancos, sobretudo nos Estados Unidos, o que é necessário para um livro sobre raça e racismo. Só para lembrar: "eu não vejo cor" não é uma coisa boa de se dizer, porque dizer que somos todos exatamente iguais é não dar importância a toda uma história e toda uma existência de desigualdade. É por isso que as duas primeiras partes do livro se chamam "Você e eu" e "Nós e eles" – porque, para chegar a algum lugar com essas conversas desconfortáveis, tínhamos que reconhecer que estamos partindo de lugares diferentes. Esta última parte tem o título de "Nós" porque, agora que falamos sobre algumas de nossas diferenças de experiência e lacunas na compreensão (dos brancos), também é preciso dizer que há muito espaço para negros e brancos trabalharem juntos, para se entenderem e terem empatia com a humanidade uns dos outros.

Este capítulo é sobre as linhas de frente do "nós": famílias e relacionamentos inter-raciais. Então, como é de fato, com todos os seus desafios compensadores, construir uma vida que cruza a linha divisória mais antiga dos Estados Unidos e do mundo?

Vamos passar a limpo

Pouco antes do Natal de 1863, um panfleto intitulado *Miscegenation: The Theory of the Blending of the Races, Applied to the American White Man and Negro* [Miscigenação: a teoria da mistura das raças, aplicada ao homem branco e ao negro norte-americano] surgiu nas bancas.

Antes de mais nada, que título longo! Tudo bem, agora vamos ao que interessa. Os autores cunharam a palavra *miscigenação* do latim *miscere* (misturar) e *genus* (raça), e o folheto era, na verdade, uma brincadeira, que fingia endossar a ideia de que brancos e negros tivessem filhos juntos. "As raças miscigenadas ou mistas são muito superiores, mental, física e moralmente, aos puros ou não misturados", escreveram os autores anônimos do folheto, que mais tarde se descobriu serem dois jornalistas antiabolicionistas. Você deve imaginar como essa linguagem foi recebida em meio à Guerra Civil. A "trollagem" existe há muito tempo, meu amigo ou minha amiga.

A realidade por trás da "piada" contida no folheto era que, além de serem vistos como "inferiores" durante o período da escravidão e depois dele, os negros também eram, de certa forma, vistos como exóticos, como, misteriosamente, "outros" corpos objeto de fetiche para homens e mulheres brancos. Os homens brancos (quase sempre eram os homens) agiam com base nessas percepções com tanta frequência que, já em 1662, as colônias do Sul aplicavam a chamada *regra apenas uma gota*. Essa regra estipulava que a raça de um bebê era determinada pela mãe, o que era outra maneira de dizer que homens brancos que fornicassem com suas escravas ou as estuprassem não podiam assim conceder liberdade a seus filhos. Depois que a guerra terminou e os negros foram legalmente libertados, a miscigenação passou a envolver não apenas a proibição do sexo, mas também do casamento. Ambas as proibições visavam, no fundo, proteger a parte mais importante da escravidão: o número de corpos humanos disponíveis para o trabalho.

O casamento entre brancos e negros foi oficialmente declarado ilegal nos Estados Unidos pelo caso *Pace v. Alabama*, em 1883. Nessa infame decisão da Suprema Corte, o tribunal manteve por unanimidade a condenação de um homem negro e uma mulher branca que haviam sido sentenciados a dois anos de prisão por violar a lei antimiscigenação do Alabama, estabelecendo um precedente para a proibição de casamentos inter-raciais em todo o país. *Oitenta anos depois*, houve uma importante contestação, quando um casal inter-racial formado por um negro e uma branca na Flórida foi ameaçado com um ano de prisão pela acusação de "fornicação inter-racial", o que equivalia a viver como um casal fora do matrimônio (porque não podiam se casar). O caso (*McLaughlin v. Florida*) chegou à Suprema Corte em 1964, e o tribunal decidiu a favor do casal.

Esse veredito abriu caminho para o golpe de misericórdia: o caso *Loving v. Virginia*, em 1967. Nesse caso, um homem branco e uma mulher negra recorreram da rejeição de seu casamento pelo estado da Virgínia até a Suprema Corte, que decidiu (vivas à União Americana pelas Liberdades Civis) que as chamadas leis antimiscigenação nos Estados Unidos eram inconstitucionais. Nas palavras do presidente da Suprema Corte Earl Warren: "De acordo com nossa Constituição, a liberdade de se casar ou não com uma pessoa de outra raça cabe unicamente ao indivíduo e não pode ser usurpada pelo Estado". Foi um grande dia para o amor entre brancos e negros, mas eis uma pequena contextualização dessa vitória: os negros obtiveram os direitos civis e o direito de voto antes de poderem se casar legalmente com brancos.

Outra forma de as pessoas construírem famílias cruzando linhas raciais é por meio da adoção. Para entender o que chamamos de *adoção transracial*, primeiro algumas informações sobre a adoção nos Estados Unidos em si. Em 1851, o estado de Massachusetts aprovou a Lei de Adoção de Crianças, reconhecendo a adoção como um processo legal que se concentrava no bem-estar da criança (em vez de, digamos, em evitar o estigma de ter um filho fora do casamento) e, portanto, exigia que os pais fossem "aptos e adequados". Naquela época, a maioria das adoções aderia ao conceito de *correspondência*. O objetivo era formar famílias que se "correspondessem" a famílias formadas naturalmente, e você sabe onde isso vai dar. A correspondência exigia que os pais adotivos fossem casais heterossexuais casados que parecessem, se sentissem e se comportassem como se eles próprios tivessem concebido os filhos de outras pessoas. O que quer que isso significasse, o fato é que não havia muitas crianças de raças diferentes sendo adotadas por famílias brancas.

A primeira ocorrência registrada da adoção de uma criança negra por uma família branca nos Estados Unidos foi no estado de Minnesota, em 1948, e daí em diante a prática ficou conhecida como *adoção transracial*. O termo ainda é usado para se referir a qualquer família adotiva com filhos de uma cultura ou raça diferente, mas, na verdade, quase sempre se trata de crianças não brancas e adultos brancos. E, como você deve imaginar, isso gerou alguma resistência. Alguns dos críticos mais ferrenhos foram as organizações negras. Por exemplo, um grupo de assistentes sociais que, na década de 1970, assumiu "uma posição veementemente contrária à colocação de crianças negras em lares brancos por qualquer motivo". O grupo alegava que isso era "desnecessário", "antinatural" e "artificial", bem como uma prova definitiva de que os negros ainda eram considerados "propriedades". Durante anos, esse tipo de oposição causou uma diminuição significativa das adoções transraciais. Além disso, naquela época, a maioria das adoções era sigilosa, o que significa que a criança e/ou seus novos pais não podiam saber a identidade dos pais biológicos. Hoje, a maioria das adoções tem algum grau de abertura, o que permite que haja pelo menos algum vínculo pessoal com a ascendência da criança.

Vamos ficar desconfortáveis

Então, como acabamos de ver, a história dos relacionamentos e das famílias inter-raciais nos Estados Unidos é... complicada. E da mesma maneira que é difícil começar um novo relacionamento com toda a nossa bagagem emocional, é difícil ignorar tudo isso, não importa quem você seja.

Quando vejo um homem negro com uma mulher branca ou uma mulher branca com um homem negro, não é que isso me incomode exatamente, mas me deixa curioso. Quando os vejo, penso: *como eles terminaram juntos?* Lembro a mim mesmo que, historicamente, brancos não amam negros. Portanto, mesmo que sua parceira o ame, os pais dela talvez não gostem de você. E, se os pais dela gostam de você, os avós provavelmente não gostam. Ou pode ser que tias e tios não gostem de você. Também tento imaginar o que deve acontecer nos bastidores. Para ser sincero, às vezes me pergunto: *um homem negro não era bom o suficiente para você, mulher negra?* Ou: *uma mulher negra não era boa o suficiente para você, homem negro?*

Talvez você fique chocado ou chocada ao ouvir esses pensamentos. Pare um segundo e pense no que acabei de compartilhar. Eu não acho que seja o único que fica mexido diante de casais inter-raciais formados por uma pessoa negra e uma pessoa branca, mas preciso que você compreenda que reconhecer esse sentimento é apenas o começo. Temos que falar sobre isso se quisermos avançar em direção à igualdade real, em direção a um lugar onde o racismo não defina tantos aspectos do nosso mundo. Precisamos nos perguntar: como nos sentimos quando vemos um casal inter-racial? E por que nos sentimos assim? Precisamos nos perguntar quanto do que sentimos nos foi transmitido por nossos pais e por nossa família, por nossos amigos, pela história. Essas são perguntas que costumamos evitar, o que me diz que são perguntas que precisam ser feitas e respondidas.

Eis a minha opinião mais verdadeira: eu acredito que uma pessoa deve poder amar quem ela quiser. Acredito que o amor sempre vence. Acredito que uma família pode ter a aparência que for e ainda assim ser uma família. Com isso em mente, alguns conselhos para tratar o coração de todos com carinho:

Se você for se relacionar com uma pessoa negra, por favor, não a escolha porque a considera exótica. Questione-se, realmente investigue as razões pelas quais deseja estar com essa pessoa (como faria com qualquer parceiro em potencial, mas relacionamentos entre pessoas da mesma raça não enfrentam nem de longe o mesmo escrutínio cultural). Tome cuidado para não torná-la um símbolo também. Se seu parceiro for a única pessoa negra em sua vida, isso é um sinal de problema. Se você é a pessoa negra em questão, tenha o cuidado para não se tornar fetiche ou um troféu. Deixe-me ajudá-lo ou ajudá-la com algumas perguntas que são pertinentes antes de iniciar um relacionamento inter-racial. O privilégio do parceiro branco ou de uma parceira branca é compreendido? Como a família desse parceiro reage ao relacionamento? Como seus amigos reagem? Se você é religioso, como isso afeta seu relacionamento? Seria mais fácil se relacionar com alguém da sua própria raça? Por quê ou por que não?

Se for iniciar um relacionamento com uma pessoa negra, esteja ciente de que esse relacionamento inter-racial pode incluir duas culturas diferentes e/ou dois sistemas de valores diferentes. Embora você possa fazer perguntas sobre seus valores, não espere que um parceiro lhe ensine sobre a cultura dele. Se você realmente se importa, vá buscar aprender por conta própria. Além disso, é bom ser curioso, mas tente ser curioso ou curiosa sem fazer suposições. Suposições preconcebidas são preconceito, e você não vai querer ser preconceituosa ou preconceituoso com seu parceiro ou parceira.

O mínimo que você pode fazer é enxergar a cor de seu parceiro. Como já discutimos, ignorar a cor de uma pessoa é deixar de enxergá-la por completo, e, nesse caso, essa pessoa é alguém de quem você gosta muito. Não ver sua cor seria ignorar muitas das coisas que a tornam única. Em termos práticos, tente encontrar amigos que também estejam em relacionamentos inter-raciais. Eles podem ser interlocutores úteis para os problemas que vocês dois vão enfrentar – e, acredite, vocês vão enfrentar problemas. Se realmente não conseguir avançar, considere recorrer a um conselheiro de relacionamentos. Certifique-se de fazer uma investigação prévia sobre esse conselheiro e averigue se é um profissional com experiência em relacionamentos inter-raciais.

Saber mais sobre a cultura da pessoa que você ama também é essencial numa adoção. Se você vai adotar uma criança negra, certifique-se de saber bastante sobre a cultura negra. O mínimo para começar: aprenda pequenas coisas culturalmente específicas; assista a filmes clássicos como *O Mágico Inesquecível*, *Lute pela Coisa Certa*, *Malcolm X* e *Um Príncipe em Nova York*, bem como filmes mais contemporâneos como *Sexta-feira em Apuros*, *Noivo em Pânico*, *Além dos Limites* e *Pantera Negra*. Leve seu filho ou sua filha a uma barbearia ou um salão de cabeleireiro para pessoas negras; fique um pouco por lá.

E lembre-se de que uma criança negra não precisa apenas conhecer sua cultura negra, ela precisa conhecer sua história negra. Você não vai poder proteger seu filho ou sua filha do mundo por toda a vida. Em algum momento, eles vão se ver num mundo que não ignora o fato de serem negros. E terão que saber navegar nesse mundo que enxerga sua cor (ou se eles "não são vistos como negros", devem escolher como e quando vão querer expressar sua herança). Pois, embora continuemos trabalhando para livrar o mundo do racismo, sempre haverá pessoas que vão enxergar sua cor e julgá-lo de forma severa ou injusta por causa dela. É melhor preparar uma criança para essa inevitabilidade e mostrar a ela o mundo em todo o seu contexto e em toda a sua complexidade.

Não basta falar

Se quiser aprender sobre a história dos relacionamentos inter-raciais nos Estados Unidos, comece pelo de Thomas Jefferson e Sally Hemings, talvez o mais famoso relacionamento inter-racial de todos os tempos. Se estiver realmente interessada ou interessado nas raízes das perspectivas norte-americanas a esse respeito, leia o folheto que mencionei na abertura deste capítulo.

Para mais informações sobre adoção transracial, assistam ao documentário *Black, White & Us*, que acompanha quatro famílias brancas que adotaram crianças negras nos Estados Unidos. Outro filme para colocar na sua lista é *Closure*, sobre uma mulher que foi adotada transracialmente por pais brancos. Procure os programas de adoção nas varas de família na cidade onde você vive e se informe sobre como a questão das adoções inter-raciais é tratada.

Para encerrar este capítulo, quero que você pense no seguinte: o instrumento que mais gosto de tocar é o piano. Aprendi a tocar sozinho na faculdade, nos intervalos entre os treinos na concentração, quando não havia tempo suficiente para tirar uma soneca. Acontece que eu comecei a amar isso. Durante as fases mais árduas do período que passei na liga nacional de futebol americano, o piano me manteve sereno. Todos os dias, ao voltar do treino, eu passava um tempo diante do teclado. Eu toco até hoje. Quando comprei minha primeira casa em Austin, a primeira coisa que comprei foi um piano.

A beleza do piano é que há teclas brancas e teclas pretas. E a única maneira de produzir os sons mais bonitos, magníficos e poéticos é com os dois tipos de tecla trabalhando em conjunto. Você não pode tocar apenas as teclas brancas, porque não vai potencializar o que o instrumento tem a oferecer. Do mesmo modo, não pode tocar apenas as teclas pretas. É quando integramos as teclas brancas e pretas que o piano produz as melodias com mais alegria.

É disso que se trata este "nós". Se conseguirmos realmente integrar pessoas brancas e negras, trabalhando em conjunto, então nosso mundo produzirá uma melodia cheia de alegria.

“Por que as pessoas não obedecem às ordens da polícia? Por que resistem à prisão? Qualquer luz que possa lançar sobre isso será muito bem-vinda.” – E.

13.

BRIGA BOA

A luta por mudanças

O arco do universo moral é longo, mas ele se curva na direção da justiça.

DR. MARTIN LUTHER KING JR.

Precisamos enxergar que o progresso humano nunca gira sobre as rodas da inevitabilidade. É resultado dos esforços incansáveis e do trabalho persistente de indivíduos dedicados que estão dispostos a trabalhar junto com Deus. E sem esse trabalho árduo o próprio tempo se torna um aliado das forças primitivas da estagnação social. Portanto, devemos ajudar o tempo e perceber que é sempre hora de fazer o certo.

DR. MARTIN LUTHER KING JR.

Durante os protestos em Los Angeles após a morte de George Floyd, um amigo me contou uma história. Ele disse que estava andando pela Sunset Boulevard, em meio a brancos segurando cartazes, negros segurando cartazes, passando por pessoas de mãos dadas, marchando em uníssono, quase todos usando máscara por causa da Covid-19. Ele olhou para a direita e viu um grupo de jovens negros.

"Estamos indo para a avenida Melrose roubar algumas pessoas", disse um deles. "Temos que nos vingar!"

Meu amigo ficou tipo: "Huum, eu tenho problemas nos joelhos por causa do futebol. Rompi algumas vezes o ligamento colateral medial e fiz algumas cirurgias no menisco, então... vou ter que ficar de fora, pessoal". Ele deixou os caras negros irem embora e continuou marchando. Pouco depois, se deparou com algumas pessoas brancas que tentavam tirar uma foto e discutiam sobre a melhor pose para o Instagram.

"Aqui, segura o cartaz assim", pediu uma delas.

"Não, não, não, assim", disse a outra.

Meu amigo, que é mestre de cerimônias e escreve muito sobre paz e união, disse que isso bastou. Ele pensou: "Cara, tenho que ir para casa e escrever alguma coisa. Cada pessoa tem uma forma diferente de lutar, e minha caneta é minha arma".

A história do meu amigo me lembra de algo que aconteceu na minha própria família. Um dia, quando eu tinha doze anos, havia acabado de vestir o uniforme da escola – calça cinza, camisa branca de botão, sapatos pretos com meias brancas – quando, de repente, ouvi choro e gritos lá embaixo. Corri e vi minha mãe jogando o próprio corpo contra a parede da sala. Literalmente: ela estava batendo com o próprio ombro na parede. Doía ver. O que estava acontecendo?

Meu pai me disse que a irmã da minha mãe havia morrido na Nigéria. Eu sabia que minha mãe batendo com o ombro contra a parede não ia trazer a irmã dela de volta, e imaginei que minha mãe também soubesse disso. Levei anos para processar o que realmente estava acontecendo. Precisei aprender sobre os cinco estágios do luto: negação, raiva, negociação, depressão, aceitação (só para constar: nem todo mundo passa por todos os estágios ou os vivencia nessa ordem). O que compreendi foi que minha mãe estava passando pelo estágio da raiva e que não sabia o que fazer com ela, então a descarregava contra a parede.

Você já sentiu raiva e não sabia o que fazer com ela? Eu sei que já aconteceu comigo. Aprendi que a raiva nem sempre é lógica. Caramba, provavelmente ela é ilógica na maioria das vezes. E por causa disso, é algo que muitas vezes não sabemos como expressar. E quando isso acontece não com uma pessoa, mas com um grupo? E quando isso acontece com todo um grupo de pessoas negras? Quando você vê pessoas protestando por George Floyd, Ahmaud Arbery, Breonna Taylor ou por qualquer um dos negros que foram assassinados, o que está vendo é um grupo de pessoas que estão com raiva. Raiva da violência policial, da desigualdade sistêmica, do sonho americano que ainda não é real para todos. Os protestos assumem muitas formas diferentes e, mesmo quando se tornam violentos – o que não aprovo –, o que realmente está acontecendo é algo parecido com minha mãe batendo o próprio ombro contra a parede.

As cenas de saques e destruição que tantas vezes ilustram as notícias e uma determinada retórica política... são apenas um extremo do espectro de reações dos negros diante da raiva e da frustração que sentimos. Um extremo objetivamente pequeno, na verdade. Os protestos de Los Angeles não foram definidos por aquele grupo de caras indo para Melrose, assim como um estádio com 100 mil fãs de futebol americano não é definido pelos poucos que se envolvem numa briga de bêbados no estacionamento. Portanto, neste capítulo, gostaria de considerar toda a gama de reações dos meus irmãos e irmãs contra o racismo nos Estados Unidos, de Martin Luther King Jr. ao Vidas Negras Importam. Todos os negros sabem que uma mudança precisa acontecer e todos estão tentando encontrar uma maneira de lutar por ela.

Um milhão de perguntas passaram pela minha cabeça ultimamente. Tipo: os protestos são necessários para promover mudanças? Quais são as formas mais eficazes de protestar? Quando um "protesto" se torna "tumulto" e quem decide isso? E há algum limite além do qual um tumulto contra a injustiça se torna outra coisa – uma rebelião, por exemplo? Vejamos o que aprendi.

Vamos passar a limpo

Os protestos norte-americanos são anteriores aos Estados Unidos. Não se pode falar de protesto nos Estados Unidos sem mencionar um grupo de colonos conhecido como "Filhos da Liberdade" se rebelando contra os ingleses e seus impostos sem representação e atirando cargas de chá nas águas do porto de Boston ou (algumas décadas depois) Nat Turner liderando uma rebelião de escravizados na Virgínia. Nos anos que se seguiram surgiram muitas ideias sobre o que constitui um protesto, justificado e injustificado.

Como sempre, as palavras que usamos são importantes e quero me concentrar em quatro delas: *protesto*, *tumulto*, *rebelião* e *massacre*. No que diz respeito à luta contra o racismo nos Estados Unidos, uma pergunta constante é quem decide o que é uma coisa ou outra e como conseguem impor essa decisão. Você pode achar que as linhas são bem claras: um protesto é geralmente entendido como uma manifestação ordeira; um tumulto, nem tão ordeiro assim; uma rebelião é uma insurreição; e um massacre, bem, é um massacre – uma tragédia que resulta de violência de ambos os lados. E, no entanto, como se dá com muitas outras coisas, o que acontece é que a raça tem desempenhado um papel importante na forma como os protestos são vistos nos Estados Unidos. E policiados.

Elaborando um pouco mais, Henry David Thoreau cunhou o termo *desobediência civil* – ainda o padrão-ouro para protestos não violentos em toda parte. Ele a descreveu como o ato de as pessoas priorizarem sua consciência em detrimento do que as leis estabelecem e expressarem sua inconformidade com civilidade. Simplificando, isso significava que a consciência das pessoas as inspirava a protestar, mas educadamente. Civilidade é a palavra-chave na definição de Thoreau. Para nos ajudar a compreender o que foi considerado desobediência civil ao longo do tempo, temos o exemplo de Thoreau, que se recusou a pagar seus impostos em protesto contra a escravidão, e as greves de fome de Gandhi, algumas das quais chegaram a durar três semanas, em protesto contra a ocupação britânica da Índia. Houve as manifestações pacíficas que Martin Luther King Jr. coordenou durante o movimento pelos direitos civis, protestos que começaram em fevereiro de 1960, quando quatro estudantes negros da Universidade da Carolina do Norte se sentaram no balcão de uma lanchonete em Greensboro, e se expandiram até incluir vinte estados e 70 mil participantes negros e brancos ao longo de quase dois anos.

Acima da desobediência civil na escala está o *tumulto*, definido pelo dicionário como "grande confusão ou desordem, geralmente causada por muitas pessoas". Pode-se até chamá-lo de perturbação não civilizada da ordem pública. A maioria das pessoas considera o saque e a violência indiscriminada contra a propriedade características de um tumulto. Mas um tumulto também é definido com frequência pela raça e pela classe social das pessoas que participam dele.

A versão norte-americana dos tumultos já aconteceu por vários motivos: pessoas fazendo campanha pela sindicalização, contra a Lei Seca, protestando contra o desemprego durante a Depressão... Mas os distúrbios raciais que ocorreram antes de meados do século XX geralmente consistiam de turbas de brancos atacando negros.

Em Wilmington, Carolina do Norte, em 1898, uma turba de dois mil supremacistas brancos armados com rifles e pistolas executou o único golpe de Estado em solo norte-americano: eles invadiram a prefeitura de Wilmington, depuseram o governo eleito, forçaram funcionários negros e brancos a renunciar a seus cargos e expulsaram muitos deles da cidade. Marcharam por bairros negros atirando em pessoas negras, muitas delas desarmadas, e prenderam outras "para sua própria segurança" antes de colocá-las num trem e mandá-las para fora da cidade. Incendiaram jornais negros. Quando tudo terminou, algo entre sessenta e noventa pessoas negras estavam mortas.

Já vimos outro exemplo de distúrbio racial americano: a tragédia no distrito de Greenwood, em Tulsa, Oklahoma. A turba de brancos que apareceu na prisão do condado com a intenção de linchar um homem negro era formada por 1.500 homens; cerca de 75 homens negros, muitos deles veteranos da Primeira Guerra Mundial, apareceram para protegê-lo. A violência eclodiu quando um homem branco tentou pegar a arma de um homem negro e ela disparou. Vários brancos voltaram para casa para pegar suas próprias armas. Ao raiar da manhã seguinte, milhares de habitantes brancos de Tulsa invadiram o distrito de Greenwood, muitos dos quais na qualidade de funcionários da prefeitura e munidos de armas fornecidas por ela, e se espalharam pelas ruas, atirando nos negros que estivessem à vista, bem como saqueando e incendiando mais de mil casas, além de uma escola, uma biblioteca, um hospital, hotéis, lojas e igrejas (eles chegaram a impedir os caminhões de bombeiros de combater muitos dos incêndios). Os historiadores estimam que, no fim das contas, até trezentas pessoas tenham morrido.

Comparemos isso com a década de 1960, quando o caráter dos conflitos mudou de brancos atacando negros para negros resistindo à opressão. Os brancos ainda chamavam essa resistência de *tumulto*, mas os negros a descreviam como *rebelião* – definida como uma resistência muitas vezes armada a um governo ou governante estabelecido. Considerando que a polícia e as instituições racistas às quais se opunham constituíam um governo opressor, eles argumentavam, por que seus protestos não deveriam constituir uma rebelião? Isso contrasta com a suposta espontaneidade de um tumulto, que sugere que não há motivo envolvido, ou que há um motivo ilegítimo. Uma *rebelião*, por outro lado, sugere que as ações são uma resposta à injustiça.

Tumulto ou rebelião. Para rebelião, pensemos no distrito de Watts, Los Angeles, em 1965 (onde a violência foi deflagrada depois que um homem negro foi parado no trânsito por um policial e, num período de sete dias, o resultado foram 34 pessoas mortas, milhares de pessoas presas e milhões de dólares em danos a propriedades) ou em Detroit em 1967 (onde depois que a polícia invadiu um bar clandestino frequentado por negros, teve início um protesto que em cinco dias ceifou a vida de 43 pessoas, deixou outras 342 feridas e 1.400 propriedades incendiadas). Pense no pequeno número de protestos destrutivos e violentos em alguns lugares, incluindo Minnesota (do qual falarei mais adiante) e Los Angeles, durante o movimento Vidas Negras Importam.

Ao longo de toda a história, o privilégio branco determinou a forma como esses conflitos seriam descritos. Quando eram os brancos instigando a violência, a mídia, os políticos, a polícia e, por fim, os historiadores chamavam o que tinha sido um massacre de *tumulto racial*. Quando os negros começaram a iniciar os protestos, a mídia passou a chamar o que era uma rebelião de *tumulto*, uma descrição destinada a retratar todos os brancos (cidadãos, proprietários, empresários), alguns dos quais estavam envolvidos na opressão, como vítimas de perseguição motivada pela raiva e pela hostilidade injustificadas dos negros, ao mesmo tempo que transformava o policiamento da situação pelos brancos, por mais brutal que fosse, em uma resposta heroica ou pelo menos justificada.

Uma observação específica sobre o policiamento. Quando os conflitos raciais são instigados por brancos, a resposta da polícia com frequência fica dentro de um espectro que vai de fazer pouco a fazer quase nada, chamarem outros brancos para participarem e participarem eles mesmos. Quando os protestos são instigados por negros, a polícia trata os manifestantes com violência, os prende e os mata. O *Washington Post* relatou que oito pessoas perderam parte da visão durante um único dia de protestos recentes (30 de maio de 2020) como resultado de táticas usadas pela polícia, como gás lacrimogêneo. Repetidas vezes, na esteira de uma rebelião negra, a polícia, predominantemente a polícia branca, reforça ainda mais "a lei e a ordem" – uma decisão, você deve imaginar, que tende a piorar ainda mais as coisas.

O Vidas Negras Importam começou nos Estados Undios, em 2013, quando as ativistas negras Alicia Garza, Patrisse Cullors e Opal Tometi criaram um movimento político centrado nos negros em resposta à decisão de um júri da Flórida que absolveu George Zimmerman do assassinato do adolescente negro desarmado Trayvon Martin. O movimento chamou a atenção do país no ano seguinte, durante os protestos em Ferguson, Missouri, contra o tiro desferido pela polícia que matou o adolescente negro desarmado Michael Brown. Desde então, protestos foram deflagrados em todo o país, geralmente após o assassinato de uma pessoa negra por um policial: Tamir Rice, em Cleveland; Eric Garner, em Nova York; Alton Sterling, em Baton Rouge. (Por favor, pesquise sobre esses assassinatos.) Atualmente, o movimento tem quarenta subdivisões em todo o mundo e, como você provavelmente viu no noticiário, tem protestado contra a brutalidade policial e pela justiça para os negros em todo o planeta.

O que você vê quando se depara com os protestos do Vidas Negras Importam acontecendo em todo o mundo? E por que vê o que vê?

Uma coisa é certa: ainda há motivos para os norte-americanos se sentirem lesados por seu governo. E em nenhum momento da história recente isso foi mais coletivamente reconhecido do que durante os protestos impulsionados pela morte de George Floyd, Ahmaud Arbery e Breonna Taylor, entre outros, nos últimos meses. O *New York Times* estima que entre 15 e 26 milhões de pessoas protestaram por causa da morte de George Floyd apenas nos Estados Unidos, num movimento que se tornou a maior manifestação da história do país. Alguns pesquisadores estimam que o número de manifestantes tenha chegado a 24 milhões em todo o mundo, o que o tornaria o maior protesto em massa da história, ponto final.

Em Minneapolis, a cidade onde Floyd foi morto e onde a multiplicação dos protestos teve início, os manifestantes vandalizaram um supermercado e destruíram muitos outros estabelecimentos comerciais. Incendiaram viaturas policiais. Viraram carros. Depredaram edifícios. Pessoas foram agredidas. E esse tipo de violência aconteceu em grandes cidades por todo o país. É claro que também houve muitas pessoas que praticaram a desobediência civil, mas os protestos mais turbulentos me lembraram a raiva da minha mãe diante da morte da irmã e ela batendo o ombro contra a parede. Com o desenrolar dos protestos, porém, percebi que mesmo uma parte dessa ação era coordenada, com soluções em mente. Vi pessoas que haviam protestado comparecendo a reuniões comunitárias e fazendo discursos bem informados sobre a extinção ou o corte de fundos destinados à polícia a fim de reinvestir esse dinheiro em escolas e programas comunitários.

E vi que todo aquele barulho estava realmente funcionando. As pessoas começaram a derrubar estátuas de confederados, o que levou instituições a retirar por conta própria suas estátuas. Todas as empresas que você pode imaginar começaram a fazer declarações sobre a importância das vidas negras. A FedEx pressionou o teimoso proprietário do time dos Redskins de Washington para que mudasse o nome da equipe. Também estou no mundo dos livros agora e, em questão de uma semana, duas mulheres negras foram contratadas para dirigir grandes editoras nos Estados Unidos. Caramba, a ideia de escrever este livro resultou dessa agitação. Quanto mais duravam os protestos, mais eu os reconhecia como as rebeliões geradoras de dividendos que são. Mais passei a ver as fundadoras do movimento Vidas Negras Importam – Garza, Cullors e Tometi – como os atuais Filhos da Liberdade. Ou melhor, elas são as Irmãs da Liberdade: mulheres que tinham uma pauta.

A marcha de 1963 em Washington pode ter ficado mais famosa pelo discurso "Eu tenho um sonho", do dr. Martin Luther King Jr., mas também é notável porque tinha uma pauta específica. Essa pauta – ou lista de exigências, se você preferir – foi lida pelo ativista Bayard Rustin, vice-líder da marcha, nas escadarias do Lincoln Memorial. Listo todas essas exigências em seguida para que você possa lê-las e se perguntar quais delas, 57 anos depois, foram cumpridas para as pessoas negras:

1. Uma legislação de direitos civis abrangente e eficaz por parte do atual Congresso – sem meios-termos ou obstruções –, a fim de garantir a todos os norte-americanos: acesso a todos os lugares públicos, moradia decente, educação adequada e integrada e direito ao voto.

2. Suspensão de fundos federais para todos os programas nos quais exista discriminação.

3. Dessegregação de todos os distritos escolares em 1963.

4. Aplicação da Décima Quarta Emenda – redução da representação no Congresso dos estados onde os cidadãos são privados de direitos.

5. Uma nova Ordem Executiva banindo a discriminação em todas as habitações financiadas com subsídios federais.

6. Autoridade ao procurador-geral para instaurar ações cautelares quando qualquer direito constitucional for violado.

7. Um grande programa federal para treinar e alocar todos os trabalhadores desempregados – negros e brancos – em empregos significativos e dignos, com salários decentes.

8. Uma lei nacional de salário-mínimo que dê a todos os americanos condições de vida decentes.

9. Uma Lei de Condições Justas de Trabalho ampliada a fim de incluir todas as áreas de emprego que estejam atualmente excluídas.

10. Uma Lei Federal de Práticas Justas de Emprego que proíba a discriminação por parte dos governos federal, estadual e municipal, e por empregadores, contratantes, agências de emprego e sindicatos.

A Marcha de Washington, como você pode ver, tinha muitos objetivos. E não poderia ser diferente. Os negros estavam numa situação muito, muito ruim em 1963. Mas depois de examinar todas as evidências que apresentei até aqui, cite uma dessas exigências que não poderia ser aplicada atualmente. As pautas não mudaram muito porque, bem, a situação dos negros não mudou. Mas, ei, eles não tinham internet. Nós podemos mudar isso.

Vamos ficar desconfortáveis

Quais são as fagulhas que geram protestos, tumultos, rebeliões? Onde ficam as linhas que os separam hoje? E, além disso, o que *vale a pena* quando o objetivo é promover uma mudança real?

Essa é uma conversa desagradável porque tem a ver com poder e perspectiva. Como venho dizendo, muitas vezes não há nenhuma diferença entre um tumulto ou uma rebelião além de quem a vê e de quem a rotula. Também é desconfortável porque envolve a questão de definir se a única resposta "certa" é uma que seja totalmente não violenta.

No movimento pelos direitos civis dos anos 1960, tínhamos Martin Luther King Jr. e sua desobediência civil não violenta, que foram eficazes. Mas, na mesma década de 1960, houve outro famoso líder na luta pelos direitos civis: Malcolm X – pelo menos, o Malcolm X do início, que pregava táticas que usassem "quaisquer meios necessários" na luta pela igualdade racial. O fato é que os dois tipos de protesto ajudaram a levar às mudanças arduamente conquistadas naquela década. Não estou de forma nenhuma dizendo que a violência é necessária para gerar progresso – estou dizendo apenas que é fácil condená-la, e também que precisamos levar em conta quem está condenando e como isso se compara às justificativas para o protesto em primeiro lugar.

Enquanto o racismo sistêmico existir, pode acreditar que haverá necessidade de as pessoas protestarem contra ele. Lembre-se do que foi dito na Declaração de Independência dos Estados Unidos: "Em cada estágio dessas opressões, pedimos reparação nos termos mais humildes: nossas repetidas petições foram respondidas apenas por repetidas injúrias". Os protestos, os tumultos e as revoltas são respostas a repetidas injúrias e, apenas para constar, nenhum deles foi tão longe quanto a resposta à qual a Declaração se refere (a Guerra de Independência dos Estados Unidos). Foi também por intermédio desses protestos, tumultos e revoltas que algumas das mudanças mais reparadoras e humanas aconteceram nos Estados Unidos.

O título deste capítulo vem do falecido herói dos direitos civis John Lewis, que disse o seguinte sobre a luta pela igualdade: "Não se percam num mar de desespero. Tenham esperança, sejam otimistas. Nossa luta não é luta de um dia, uma semana, um mês ou um ano; é a luta de uma vida inteira. Nunca, jamais tenham medo de fazer barulho e se envolver numa briga boa, uma briga necessária". Abordar a dor que está na origem dos protestos de hoje exigirá muito diálogo e muita ação. Vamos partir para a briga.

Não basta falar

Há muitas maneiras de lutar pela igualdade. Você pode organizar uma marcha. Ou pode escrever. Você pode cantar, como Keedron Bryant, de doze anos, que lançou uma canção simplesmente incrível chamada "I Just Wanna Live" [Eu só quero viver], cuja renda foi toda destinada ao movimento Vidas Negras Importam. O que quer que faça, apenas certifique-se de que está sendo sincera ou sincero em relação a permanecer comprometida ou comprometido.

O que você pode fazer agora é buscar aprender sobre a história das rebeliões civis, não só nos Estados Unidos, mas também no seu país e no mundo todo. Veja o que teve que acontecer na África do Sul para que o *apartheid* deixasse de existir; veja os protestos pró-democracia na China, o movimento da Primavera Árabe no Egito e em outros lugares. Encorajo você a visitar o site do Vidas Negras Importam (www.blacklivesmatter.com). Leia *The Autobiography of Malcolm X* [A autobiografia de Malcom X], de Malcolm X e Alex Haley, e também *The Fire Next Time* [O fogo da próxima vez], de James Baldwin. Há ótimos documentários sobre protestos e luta pelos direitos civis – por exemplo, o filme de Raoul Peck sobre James Baldwin, *Eu Não Sou Seu Negro*. Você também pode assistir a *Deixe Queimar*, sobre o atentado do movimento negro MOVE em 1985, na Filadélfia, e *Tempo de Protesto*, sobre os ativistas radicais da década de 1960. Se gosta de hip-hop, experimente ouvir um pouco de Public Enemy das antigas. Você pode começar com o álbum *It Takes a Nation of Millions to Hold Us Back* [É preciso uma nação de milhões para nos segurar].

Se houver um protesto na sua área por uma causa que o mobilize, ajude a formular o tipo de protesto que deseja ver. Se tiver recursos, doe para um dos muitos fundos de fiança que ajudam os manifestantes a sair da prisão. Dê uma olhada no Google Doc criado por Sarafina Nance, ativista do Vidas Negras Importam, que direciona as pessoas a lugares importantes para apoiar o movimento. Descubra se há planos para construir mais prisões privadas em seu país e oponha-se a isso. Descubra se a polícia no seu país, estado ou cidade usa câmeras presas ao uniforme dos policiais (que registram todas as ações deles), se há projetos de leis para tornar esse uso obrigatório e quais são as outras medidas para combater a violência policial.

Outra coisa que você pode fazer, e espero que faça, é ajudar a prender os policiais que mataram Breonna Taylor. Acesse change.org e assine a petição de justiça para Breonna Taylor (https://www.change.org/p/andy-beshear-justice-for-breonna-taylor).

Você também pode apoiar os esforços para restringir os fundos direcionados à polícia. Para esclarecer: restringir o financiamento da polícia não significa abolir a polícia, embora haja apelos mais radicais nesse sentido também. Na verdade, significa redirecionar dinheiro do orçamento da polícia para outras agências governamentais financiadas pela cidade. Restringir os recursos destinados à polícia pode significar mais dinheiro para escolas com poucos recursos, para programas de saúde mental ou para programas de recuperação de dependentes químicos, e tudo isso pode ajudar a reduzir a criminalidade. Antes que você diga que há pouca chance de isso acontecer e muito menos de funcionar, deixe-me compartilhar que, cerca de uma década atrás, a cidade de Camden, em New Jersey – que um dia já ocupou o primeiro lugar na lista do FBI de cidades com o maior número de crimes violentos, com uma taxa de homicídios tão alta quanto a de Honduras –, dissolveu sua força policial e construiu uma inteiramente nova sob o controle do condado, lançando mão de uma série de reformas policiais progressistas hoje aclamadas. Deixe-me compartilhar que, depois do protesto em Minneapolis, a câmara municipal fez uma promessa histórica de dissolver o departamento de polícia local e transferir o dinheiro destinado a ele para estratégias baseadas na comunidade. Deixe-me compartilhar que Nova York e Los Angeles também se comprometeram a cortar seus orçamentos policiais. (E deveriam: o orçamento anual do Departamento de Polícia de Nova York é de 5,5 bilhões de dólares, tão grande que, se fôssemos compará-lo aos de outros países – sim, países –, seria o trigésimo sexto maior orçamento de defesa do mundo. Do *mundo*!)

Temos que pensar nessa escala de grandeza. Terminar o trabalho dos protestos nos Estados Unidos é equivalente a acabar com o racismo. É uma grande tarefa: a maior de todas. É por isso que precisamos que todas as pessoas boas lutem, lutem, lutem contra a injustiça e a desigualdade sempre que se depararem com elas.

"Então, a minha pergunta é, no dia a dia, na rua, qual é a melhor forma de eu demonstrar a alguém que me importo? Que sou um aliado? Que sinto sua dor? Quero aprender mais e ajudar se puder. Com sinceridade e compaixão, e sem parecer que é falso ou que há segundas intenções." – Michael

14.

SOLICITAMOS SUA PRESENÇA

Como ser um aliado ou aliada

Quero que saibam que nos últimos dias e horas da minha vida vocês me inspiraram. Vocês me encheram de esperança em relação ao próximo capítulo da grande história norte-americana quando usaram seu poder para fazer a diferença em nossa sociedade. Milhões de pessoas motivadas apenas pela compaixão humana renunciaram ao fardo da divisão. Em todo o país e ao redor do mundo, deixaram de lado raça, classe, idade, idioma e nacionalidade para exigir respeito pela dignidade humana.

CONGRESSISTA JOHN LEWIS, COLUNA DE OPINIÃO,
NEW YORK TIMES, JULHO DE 2020

Antes de ser *Conversas Desconfortáveis com um Homem Negro*, eu ia chamar a série de vídeos em que este livro se baseia de *Perguntas que os brancos gostariam de fazer*. Imaginava que eu e alguns amigos negros nos sentaríamos em volta de uma mesa com pessoas brancas que quisessem fazer perguntas sobre raça e responderíamos a essas perguntas. Tive essa ideia em 28 de maio, poucos dias após o trágico assassinato de George Floyd. No fim das contas, não consegui reunir um grupo – moro em Austin, no Texas, e meus amigos estão espalhados por toda parte –, mas, felizmente, tenho uma amiga branca muito próxima que topou. "Manny", disse ela (é assim que meus amigos brancos me chamam), "precisamos fazer alguma coisa. Quero que saiba que estou disposta a ajudá-lo. Conte comigo para o que precisar. Vamos fazer algo."

Eu expliquei a ideia dos vídeos, e ela respondeu: "Claro, pode deixar". Ela dirigiu três horas de Dallas até Austin e mergulhou de cabeça no projeto. Repassamos as perguntas que ela ia fazer – por que os negros estão se rebelando?, por que os negros podem dizer a palavra que começa com "n", mas os brancos não?, todos os pontos importantes –, discutimos tudo, ensaiamos o dia todo. A mãe da minha amiga é professora de história, então passamos uma hora ao telefone com ela para discutir as questões e ensaiar. Minha amiga ficou hospedada na minha casa, porque eu não queria que ela tivesse que pagar por hospedagem nem nada. Compramos comida tailandesa, voltamos para casa e ensaiamos mais numa ligação pelo FaceTime com a irmã dela. A irmã dela ficou preocupada que minha amiga pudesse parecer estúpida como a mulher branca que fazia aquelas perguntas, mas, mesmo assim, escolhemos nossas roupas naquela noite. Ela foi para o quarto dela e eu fui para o meu, e estava tudo bem.

Obviamente, nós dois estávamos nervosos. Eu estava nervoso porque aquilo poderia se tornar algo grande, quem sabe monumental. Ela estava nervosa porque há muitas pessoas brancas que simplesmente não entendem o que está acontecendo. Ela cresceu em Dallas, que na época estava sendo abalada por tumultos e pelo pânico (dos brancos) em relação aos tumultos.

Acordei na manhã seguinte nervoso, mas ainda confiante, pronto para ter aquela conversa. Tínhamos que estar no estúdio às 11h. Às 9h54, desci as escadas da minha casa e a encontrei com os olhos marejados, tomada pela emoção. "Eu simplesmente não consigo fazer isso", disse ela. "Não está certo. É melhor você fazer sem mim. As pessoas não querem me ver. Elas querem ver você. Eu não posso fazer isso."

Então eu fiz tudo sozinho.

Se você leu este livro até aqui, espero que esteja interessada ou interessado em ser aliada ou aliado. Ou que pelo menos esteja curiosa ou curioso em relação ao que um aliado realmente é. Ou que esteja se perguntando como pode provar que é aliado ou aliada com algo mais do que apenas palavras. Onde quer que você esteja, não se preocupe, estou ao seu lado. Vou lhe dar a minha concepção de como os aliados são necessários para a luta contra o racismo e a desigualdade. Essa luta sempre precisou de brancos nas trincheiras, e isso não mudou.

Vamos passar a limpo

Por que não começamos com uma boa definição funcional? Esta vem do site Racial Equity Tools (www.racialequitytools.org):

> Alguém que se compromete e se esforça por reconhecer seu privilégio (com base no gênero, na raça, na identidade sexual etc.) e que trabalha em solidariedade com grupos oprimidos na luta pela justiça. Os aliados compreendem que é interesse deles também acabar com todas as formas de opressão, mesmo aquelas das quais possam se beneficiar de maneiras concretas. Os aliados se comprometem a reduzir sua própria cumplicidade e conivência com a opressão desses grupos e investem no fortalecimento de seu próprio conhecimento e consciência da opressão.

A versão simples é que um aliado é uma pessoa de um grupo com poder que atua no sentido de ajudar um grupo oprimido, mesmo que isso lhe custe os benefícios de seu poder.

Agora que você é um aspirante (nunca pare de aspirar) a aliado ou aliada, vamos falar um pouco sobre o legado no qual está ingressando. Nos Estados Unidos, a aliança remonta aos abolicionistas brancos, que, da década de 1820 até o início da Guerra Civil, exigiram que o governo americano banisse a escravidão. O mais famoso deles provavelmente foi William Lloyd Garrison, que se tornou o diretor da Sociedade Antiescravagista Americana e fundou o jornal abolicionista *The Liberator*. Da década de 1830 até o fim da Guerra Civil, Garrison, a certa altura um colaborador próximo de Frederick Douglass, dedicou seu trabalho à causa do fim da escravidão. Um aliado mais radical foi John Brown, o homem que dizia conhecer "os corações orgulhosos e duros dos proprietários de escravos e [saber] que eles nunca concordariam em abrir mão de seus escravos até sentirem uma grande vara sobre sua cabeça". Ele orquestrou rebeliões armadas, incluindo o Bleeding Kansas [Kansas sangrento] e o infame ataque a Harpers Ferry, na Virgínia, que fracassou quando os últimos 25 homens de Brown foram subjugados por fuzileiros navais. (Não estou de forma nenhuma defendendo esse tipo de violência, meu amigo ou minha amiga, mas temos que conhecer a história.)

Como eu disse, depois da Guerra Civil nos Estados Unidos, o Sul elaborou os Códigos Negros, que se tornaram as leis Jim Crow. Uma aliada menos conhecida, mas não menos dedicada, vivia no Alabama da era Jim Crow. Seu nome era Juliette Hampton Morgan. Morgan era uma mulher da sétima geração de uma família da alta sociedade do Alabama que, enquanto usava os ônibus segregados no fim da década de 1930, começou a se manifestar contra o tratamento injusto dado aos negros e a escrever artigos de opinião para o jornal local. Essa aliança custou a Morgan seu emprego e a tornou alvo de muita censura pública e privada. Morgan conseguiu um novo trabalho e acabou retomando a luta pelos direitos dos negros – isso mais de quinze anos antes do boicote aos ônibus em Montgomery, Alabama, que ajudou a dar início ao movimento pelos direitos civis. Ela teve que lidar com cartas e telefonemas ameaçadores, e o prefeito chegou a fazer uma ligação exigindo que ela também fosse demitida do segundo emprego. Seus amigos e colegas e até a própria mãe se afastaram dela; alguém queimou uma cruz no jardim diante de sua casa. Ela pediu demissão do segundo emprego em 1957 e, no dia seguinte à demissão, cometeu suicídio por overdose de comprimidos. O bilhete suicida encontrado ao lado dela dizia: "Não vou causar mais problemas a ninguém".

Como sou atleta, a aliança que Peter Norman fez ocupa um lugar especial para mim. Pouco mais de dez anos depois da morte de Morgan, Norman representou a Austrália numa prova de atletismo nas Olimpíadas de 1968, na Cidade do México. Ele conquistou a medalha de prata na prova dos duzentos metros, ficando entre dois americanos: Tommie Smith e John Carlos, medalhistas de ouro e bronze, respectivamente. Smith e Carlos contaram a Norman sobre seu plano de fazer um protesto durante a entrega das medalhas, levantando o punho usando uma luva, numa saudação típica do movimento Black Power. Quando Carlos percebeu que havia esquecido as luvas, foi Norman quem sugeriu que os dois dividissem o par e usassem cada um uma das luvas. Norman também convenceu um colega da equipe australiana a lhe dar um pequeno adesivo no qual estava escrito "Projeto Olímpico pelos Direitos Humanos", organização criada para se opor ao racismo no esporte.

Smith e Carlos foram mandados imediatamente de volta para casa e banidos das Olimpíadas. Mas também foram recebidos como heróis pela comunidade negra assim que chegaram aos Estados Unidos.

Norman não teve tanta sorte: apesar de ser o velocista número um da Austrália – seu tempo de 20,06 segundos ainda é o recorde australiano na prova dos duzentos metros –, sua aliança com os colegas norte-americanos fez com que fosse expulso do atletismo australiano e ficasse marcado como um pária social em seu país. Trinta e oito anos depois, em 2006, Smith e Carlos carregaram o caixão de Norman em seu funeral.

Há outra história de um pacto entre negros e brancos próxima a mim: é a de Chris Long. Malcolm Jenkins era um jogador de defesa da equipe de futebol americano Philadelphia Eagles, muito ativo e aberto quanto à sua liderança em torno do Vidas Negras Importam. Chris Long, um ponta defensivo branco da equipe, apoiou Jenkins. Quando Malcolm erguia o punho, Long erguia o punho ou colocava a mão no ombro de Malcolm. Uma coisa é um negro erguer o punho. Negros têm muito mais incentivo para fazer isso. Quando uma pessoa branca está lá, levantando o punho também, trata-se de uma declaração totalmente diferente. Considerando o modo como a liga nacional de futebol americano tratou Colin Kaepernick, bem como os protestos do Vidas Negras Importam em geral, o apoio de Long a Jenkins foi um gesto importantíssimo.

Agora que eu trouxe a história dessas alianças até os dias atuais, deixe-me dizer o que você não quer que elas se tornem. O que você não quer que essas alianças se tornem é serem um exemplo de complexo do branco salvador. Um *branco salvador* é uma pessoa branca que age para ajudar pessoas não brancas, mas num contexto em que isso pode ser percebido como algo feito em interesse próprio. Um branco salvador é uma pessoa motivada por um pensamento que é mais ou menos assim: *eu tenho que salvar os negros, porque sem mim eles não serão capazes de salvar a si mesmos*.

Não seja essa pessoa, minha amiga ou meu amigo. O branco salvador parece sexy nos filmes, como em *Estrelas Além do Tempo*, quando o personagem de Kevin Costner quebra uma placa de banheiro para "pessoas de cor" – um momento totalmente fabricado num filme baseado na vida real –, ou em *Histórias Cruzadas*, com a personagem de Emma Stone escrevendo sobre as experiências de empregadas domésticas negras e ganhando crédito por um ato de ativismo pelos direitos civis. Talvez o mais famoso de todos os brancos salvadores da ficção seja Atticus Finch, o advogado que defende um homem negro acusado de estupro em *O sol é para todos*. Eu sei que esse livro é adorado por muitas pessoas. Mas acredite em mim: há um perigo real em centrar nossas narrativas de luta racial em pessoas brancas bem-intencionadas, perigo bem articulado pelo escritor Teju Cole em seu ensaio "The White-Savior Industrial Complex" [O Complexo Industrial do Branco Salvador]. Cole escreve: "O que heróis inocentes nem sempre compreendem é que eles desempenham um papel útil para pessoas que têm motivos muito mais cínicos. O Complexo Industrial do Branco Salvador é uma válvula para liberar as pressões insuportáveis que se acumulam num sistema baseado na pilhagem" – ou seja, uma maneira de os brancos dizerem: "Vejam, o movimento pelos direitos civis foi ótimo. Vejam, nós amamos uma boa ação aqui e ali. Vamos nos manter no controle; o *statu quo* é, em sua maior parte, bom".

Talvez você não seja capaz de controlar os poderes constituídos, mas pode se certificar de que suas alianças venham de um lugar puro. Faça boas ações, mas não cometa o erro de se preocupar mais com as suas intenções do que com o impacto das suas intenções, ou de buscar gratidão ou elogios. Certifique-se de que não está se envolvendo em alianças de aparências – do tipo que só vai até conseguir a postagem certa nas mídias sociais. A aliança verdadeira é o compromisso de se engajar nessa luta por um longo tempo: muito depois de deixar de ser uma notícia no topo da primeira página, muito depois de as câmeras terem parado de filmar. Não hoje, mas amanhã, na próxima semana, no próximo ano, na próxima década.

Vamos ficar desconfortáveis

As conversas sobre aliança começam com o *eu*, com aqueles monólogos internos difíceis. Eis algumas das perguntas que você deve fazer a si mesmo. Como pessoa branca, como está cobrando responsabilidade de outras pessoas brancas? Se ouvir uma pessoa branca usar a palavra que começa com "n", chame a atenção dessa pessoa. Se um colega de universidade estiver sendo tratado de forma injusta, defenda-o. Se souber que uma pessoa negra em seu trabalho está recebendo menos, chame a atenção para esse fato. E se você é uma pessoa negra, certifique-se de que haja pessoas brancas em sua vida que façam essas mesmas coisas por você.

A aliança verdadeira exige que se passe da conversa à ação. E essa ação incluirá riscos. Não estamos na década de 1830, 1930 ou 1950 nem em 1968, mas não vou mentir para você e dizer que vai ser fácil. Os riscos podem ser tão pequenos quanto um amigo das mídias sociais deixar de ser seu amigo. Mas pode envolver algo mais grave, como o afastamento de um grupo de amigos íntimos, insegurança no trabalho, ridicularização pública ou privada, atritos com pessoas queridas. Há uma chance muito pequena de acontecer o que aconteceu com Heather Heyer, a aliada que foi atropelada e morta em Charlottesville, Virgínia. Saiba que, ao dizer que é um aliado ou aliada, você está dizendo que está disposto ou disposta a arriscar seu privilégio branco em nome da justiça e da igualdade para vozes marginalizadas.

Eu sou do Texas, o estado da estrela solitária. Mas a verdade é que os negros não podem fazer isso sozinhos. Precisamos que os brancos assumam o papel de cúmplices, enfrentando a questão do racismo e da opressão em seus próprios círculos de influência. Na história que mencionei para iniciar o capítulo, quando minha amiga disse que não ia conseguir naquela manhã, tentei encorajá-la. Mas, no fim das contas, ela mudou de ideia. Não sei o que aconteceu durante a noite, mas imagino que ela tenha ficado se revirando na cama até as quatro horas da manhã, se levantado e mudado de opinião. Ela e eu conversamos sobre isso depois, e foi de fato o que aconteceu.

Mas isso não significou que eu não tivesse que resolver a situação: depois do nosso bate-papo, tive quarenta minutos para descobrir como ia fazer o vídeo sozinho. Quando cheguei ao estúdio, abaixei a cabeça. O cinegrafista fez a contagem regressiva: três, dois, um. Eu ergui a cabeça, olhei fixamente para as lentes da câmera e comecei meu monólogo de nove minutos e 27 segundos, que duas semanas depois de ter ido ao ar já tinha 25 milhões de visualizações e levou à criação deste livro.

O que aprendi com a escolha da minha amiga foi que ser um aliado é complicado. Ela tinha feito muitas coisas certas: se colocou à disposição, percorreu todo o trajeto até minha casa e se preparou durante horas comigo, motivada por seu desejo de ser uma aliada. Ainda assim, quando mais precisei dela, quando precisei que, naquele momento, ela se sentasse lá comigo e tivéssemos aquela conversa, ela não conseguiu. E embora eu a tenha perdoado, na época sua decisão partiu meu coração. Os negros não podem se dar ao luxo de mudar de ideia. Pode ser que o mundo não dependa de mim, mas, como eu não sabia quem precisava da minha voz, então não podia desistir. A lição é que para ser um aliado ou aliada é preciso se comprometer.

Não basta falar

Abrimos este capítulo mais uma vez com John Lewis, com o último texto escrito por ele antes de morrer. Repare como ele fez questão de celebrar aqueles que agora exigem mudanças por "deixarem de lado raça, classe, idade, idioma e nacionalidade". Você ouviu o homem: ele quer você no jogo também.

Como com muitas outras coisas, a aliança começa com educação. Alguns livros que ainda não mencionei: *Fatal Invention: How Science, Politics, and Big Business Re-Create Race in the Twenty-First Century* [Invenção fatal: como a ciência, a política e as grandes empresas recriam a raça no século XXI], de Dorothy Roberts; *The Condenation of Blackness: Race, Crime, and the Making of Modern Urban America* [A condenação da negritude: raça, criminalidade e a construção da América urbana moderna], de Khalil Gibran Muhammad. Sugiro também os romances clássicos *O olho mais azul*, de Toni Morrison, e *Filho nativo*, de Richard Wright. Aliás, antes de comprar qualquer um dos livros que citei aqui, pesquise se pode comprá-lo numa livraria cujo dono ou dona é uma pessoa negra. Não há nenhuma pessoa negra dona de uma livraria no seu país?

Se preferir começar com algo mais curto, experimente ler o ensaio de Ta-Nehisi Coates "The Case for Reparations" [Em defesa das reparações] ou o ensaio de France E. Kendall "How to Be an Ally If You Are a Person with Privilege" [Como ser um aliado se você é uma pessoa com privilégios]. Leia também o artigo de Rachel Miller "How to Talk to Relatives Who Care More About Looting Than Black Lives" [Como conversar com parentes que se importam mais com saques do que com vidas negras], publicado no *Vice*, e o artigo de Corinne Shutack no *Medium* "100 Things White People Can Do for Racial Justice" [100 coisas que os brancos podem fazer pela justiça racial]. Ela mantém a lista atualizada. Ouça *Code Switch*, da NPR, um podcast que aborda assuntos sobre raça e identidade.

Outras maneiras de ser um aliado ou aliada são, na verdade, tudo que sugeri nos capítulos até agora. Faça um balanço de suas esferas de influência. Você mora num bairro de brancos, tem filhos que frequentam uma escola de brancos, trabalha praticamente só com pessoas brancas, socializa praticamente só com pessoas brancas? Mude isso. Participe de um protesto; veja como é. Você não precisa liderar uma marcha (ainda), mas participe, quem sabe até saindo de sua zona de conforto e se juntando ao grupo de pessoas que entoam palavras de ordem. Faça o dever de casa e descubra quais candidatos políticos apoiam políticas injustas. Oponha-se a eles. Experimente atuar como ativista: convoque uma reunião, faça uma lista de metas a serem cumpridas, delegue responsabilidades e cobre as pessoas por cumpri-las. Converse com seus amigos e familiares, mesmo os teimosos, sobre raça. Se pertence a uma associação de bairro e vir alguém suspeitando de uma pessoa negra ou não branca por causa de sua raça, diga que isso não é aceitável.

Por fim, tenha o cuidado de garantir que qualquer trabalho que faça tenha a participação ativa de pessoas negras. Certifique-se de que essas pessoas lhe digam a verdade e comprometa-se a ouvi-las até o fim, não importa quanto desconforto isso possa lhe causar.

Lembre-se, se está lendo isto, estou contando você como aspirante a aliada ou aliado. Tudo bem começar de onde estiver. Caramba, ler este livro é uma ótima escolha. Cada vez que comparecer a um protesto, cada vez que defender uma pessoa negra em seu trabalho, cada vez que tiver uma conversa verdadeira sobre raça com alguém, todas essas coisas são pontos na coluna das vitórias. O importante é continuar atuando.

"Qual é a sua visão das relações raciais nos Estados Unidos? Algumas das coisas óbvias, como a eliminação da violência policial e do racismo sistêmico, são extremamente importantes, mas são algo a que podemos aspirar? É esse o sonho ou há mais a ser realizado?" – Beth

15.

PARTINDO PARA O JOGO

Como acabar com o racismo

Entrevista com a autora e ganhadora do Prêmio Nobel Toni Morrison, no programa *The Colbert Report*, em 2014:

STEPHEN COLBERT: Eu não vejo a raça das pessoas.
TONI MORRISON: [Risos]
COLBERT: Eu evoluí para além do racismo. Eu não vejo a raça das pessoas. Não vejo nem mesmo a minha própria raça. As pessoas me dizem que sou branco, e eu acredito nelas porque não li nenhum dos seus livros. [Risadas da plateia.] Mas eu, como homem branco, posso entender a experiência afro-americana?
MORRISON: Bem, você tem que saber sobre o rac*ismo*.
COLBERT: Mas então eu não seria racista se pensasse sobre racismo?
MORRISON: Talvez. Mais importante do que isso, porém, é que não existe essa coisa de raça.
COLBERT: Sério?

MORRISON: Há apenas a raça humana. Cientificamente, antropologicamente. O racismo é uma construção – uma construção social. E tem benefícios: pode-se ganhar dinheiro com ele. Pessoas que não gostam de si mesmas podem se sentir melhores por causa dele. Ele pode descrever determinados tipos de comportamento que são errados ou enganosos. Então ele tem uma função social. Rac*ismo*.

Mas só podemos definir raça como seres humanos.

21 de setembro de 2014. Peço a você que me imagine na minha primeira partida como *middle linebacker*, um jogador de defesa mais avançado, para o Philadelphia Eagles. Estamos jogando contra o Washington Redskins em casa, e há um mar verde-escuro de dezenas de milhares de pessoas nas arquibancadas do Lincoln Financial Field. Eu entro em campo, pisando na grama e ouvindo o treinador de defesa gritar a jogada pelos fones de ouvido em meu capacete. Eu me ajoelho, sentindo meu coração bater forte de nervosismo (é só o terceiro jogo da minha segunda temporada profissional), sentindo o calor dos meus companheiros de equipe enquanto eles esperam que eu diga o que fazer.

Como *middle linebacker*, é minha função reunir os outros dez jogadores num círculo e dizer qual vai ser a jogada. Cada jogador tem uma responsabilidade, embora o que é dito no círculo signifique coisas diferentes para jogadores diferentes com base em sua posição. É sem dúvida uma parte importante do jogo. Mas, veja, a questão é a seguinte: ninguém vai a uma partida para ver os jogadores reunidos num círculo. As pessoas vão para ver os jogadores executarem as jogadas combinadas no círculo. A meu ver, este livro é como o círculo. Eu anunciei as jogadas e, embora os capítulos possam falar a diferentes leitores de maneiras diferentes, está quase na hora de todos partirmos para executar a jogada. Porque, em última análise, não se trata do círculo; o que importa é o que você faz depois que ele se desfaz.

Estamos prestes a desfazer o círculo, meu amigo e minha amiga.

Tudo bem, mais uma história primeiro. Durante a pandemia do novo coronavírus, descobri maneiras de malhar fora da academia, e uma delas foi andar de bicicleta. O problema é que eu não andava de bicicleta desde que tinha, sei lá, doze anos, e já tenho 29. Mesmo assim, fui a uma loja certo dia e comprei uma bela bicicleta. Na minha primeira vez, eu estava superanimado para pedalar, extremamente animado. Saí no calor escaldante de Austin. Eu havia comprado um pequeno capacete para usar em meu novo passeio. Estava com minhas luvas de ciclismo. Ninguém poderia dizer que eu não era um vencedor do Tour de France.

Pedalei pela vizinhança e estava tudo bem, muito bem, até que tentei subir uma colina íngreme de bicicleta. Eu não conseguia avançar. Pedalava forte, mas simplesmente não conseguia. Então desci e comecei a andar. Dei outra volta e tentei subir de novo. Mais uma vez, não consegui. Eu estava determinado a não deixar que a colina me derrotasse, eu, o sr. Ex-*middle linebacker*. Então avistei um dos meus vizinhos, e ele me disse: "Ei, talvez seja mais fácil se você mudar de marcha". Hum... por que não tinha pensado nisso? Bem, eu não tinha pensado nisso porque, apesar da minha bicicleta sofisticada e de todo o meu equipamento, eu não andava de bicicleta havia muito tempo. Eu tinha esquecido que havia uma pequena alavanca para mudar de marcha. Assim que diminuí a marcha, finalmente consegui pedalar morro acima.

É mesmo possível acabar com o racismo? Aposto que você já se fez essa pergunta, e não foi a única ou o único. A resposta a essa pergunta não é fácil, mas acho que envolve procurar as marchas que ainda não usamos.

Muito tempo atrás, muitas pessoas acreditavam que a escravidão nunca ia chegar ao fim. Antes de 2008, muitas pessoas acreditavam que era impossível que um homem chamado Barack Hussein Obama chegasse à presidência dos Estados Unidos. A ironia é que algumas dessas mesmas pessoas saudaram o presidente Obama como o símbolo dos Estados Unidos não racistas quando ele assumiu o cargo. Eu nunca acreditei nisso. Anunciar os Estados Unidos não racistas seria o mesmo que dizer que o trabalho de acabar com o racismo estava terminado, como se pudéssemos tirar o uniforme, ir para o vestiário e comemorar a vitória. E esse trabalho ainda não terminou. O racismo tem se metamorfoseado, e combatê-lo exige vigilância contra suas muitas formas mutáveis.

Ainda assim. Embora esteja conosco há mais de quatrocentos anos e seja tão adaptável quanto qualquer coisa que eu possa imaginar, o fato de ter sido produzido pelo homem me faz acreditar que ainda podemos desfazê-lo. Não em nosso tempo de vida, talvez não no tempo de vida de ninguém vivo hoje. É importante não deixar que isso o desencoraje, mas sim que o encoraje a persistir nesta longa e nobre luta.

Vamos passar a limpo

Tudo bem, antes de desfazermos o círculo e partirmos para o jogo, vamos relembrar. O racismo que abordei neste livro se enquadra em três categorias básicas. O primeiro nível é individual: os atos e expressões de discriminação, estereótipo, ignorância ou ódio que uma pessoa pode direcionar a outra – e é em termos gerais o que cobrimos na Parte 1. O segundo nível é o racismo sistêmico: as políticas, práticas e procedimentos injustos de instituições que produzem resultados racialmente desiguais para pessoas negras e não brancas, ao mesmo tempo que proporcionam vantagens para os brancos. Você se lembra da Parte 2? O terceiro nível de racismo é um pouco diferente. Ele não é mapeado na Parte 3, mas atravessa e subjaz grande parte do sofrimento mencionado neste livro. É o racismo internalizado: quando pessoas não brancas apoiam o privilégio e o poder dos brancos, quando são levadas a duvidar de quem são, ou a duvidar umas das outras, ou a aceitar o *statu quo*. Isso engloba tudo, desde eu quando criança me perguntando se não era "negro o suficiente", a um ex-escravizado tentando comprar o próprio neto e negros que usam posições de poder para reforçar políticas ou atitudes racistas. Está tão ligado aos efeitos do racismo branco quanto tudo o mais que cobrimos, e é parte do que precisa mudar.

Comecei este livro falando sobre como a linguagem é importante para a identidade negra e sobre como você deve sempre se esforçar para encontrar a linguagem certa ao identificar uma pessoa negra (eu prefiro "negro", se um dia viermos a nos encontrar). Falamos sobre o privilégio branco, aquela vantagem invisível, mas sempre presente para os brancos, como ele funciona como o benefício da dúvida, como torna a branquitude o padrão. Acrescentamos apropriação cultural, que nos Estados Unidos consiste, essencialmente, em pessoas brancas plagiando a cultura de um grupo oprimido. Não é legal – mas é também uma oportunidade de procurar maneiras de se envolver e aprender sobre outras culturas sem roubar nem estereotipar. Falando em estereótipos, passamos algum tempo falando do Homem Negro Raivoso. Se você é uma mulher branca, por favor, não seja uma "mulher branca indignada". Não ameace chamar a polícia por causa de uma pessoa negra por motivos irrelevantes ou sem nenhum motivo. Se você é um homem branco, não use sua branquitude literalmente como uma arma. E é melhor que nenhuma pessoa branca use a palavra que começa com "n".

Quando se trata de racismo sistêmico, lembre-se de que, nos Estados Unidos, ele remonta a quatro séculos, quando os primeiros africanos vieram dar na costa norte-americana, e está ligado às vantagens ainda desfrutadas pelos brancos em quase todas as áreas da sociedade: educação, moradia e emprego, para nomear só algumas. Lembre-se de que não existe racismo reverso. Sim, uma pessoa negra pode ser racista individualmente (veja a discussão anterior a esse respeito), mas os negros como um todo não têm poder suficiente nos Estados Unidos para concretizar o racismo sistêmico. Esse poder foi usurpado deles por meio de uma fraude composta por diversas táticas, incluindo supressão do direito de votar e manipulação de júris. Nosso sistema de justiça criminal tendencioso trabalha lado a lado com o estereótipo de homens negros como inerentemente perigosos, marginais e membros de gangue – o que leva a um policiamento excessivo, encarceramento excessivo e ainda mais preconceito no sistema judiciário.

Pessoas negras sendo assassinadas por policiais, especificamente, foi o que levou à criação do Vidas Negras Importam em 2013, uma cruzada para acabar com a violência policial e alcançar a igualdade social para os negros. De muitas maneiras, ele segue os passos de outros movimentos nos Estados Unidos que visaram obter a verdadeira liberdade para os negros – o movimento abolicionista e o movimento pelos direitos civis são dois deles. Em todas essas campanhas, os negros precisaram de aliados brancos, pessoas brancas que se dispusessem a enfrentar a questão da opressão e do racismo como se fossem suas, mesmo quando isso significava abrir mão de alguns de seus privilégios.

Quando os primeiros africanos chegaram à Virgínia, em 1619, não existiam brancos. No que diz respeito à lei, os brancos como raça só passaram a existir em 1681, quando os legisladores coloniais procuraram proibir os casamentos entre europeus e indivíduos de outras origens. Antes disso, as pessoas eram conhecidas por sua nação de origem, o que hoje podemos chamar de nacionalidade ou etnia. As leis antimiscigenação, as leis que proibiam os europeus de se casarem (e terem filhos) com afrodescendentes, forjaram a raça branca.

Vamos pensar no que isso significa: raça foi uma criação política, uma criação econômica – todo esse ódio desenvolvido a fim de garantir o interesse de alguns sujeitos do século XVII que queriam enriquecer plantando cana-de-açúcar e algodão, que queriam ter certeza de que sempre estariam no topo da pirâmide social. Isso significa que o racismo sempre teve a ver com poder. O que, por sua vez, significa que nós inventamos o racismo. O que, por fim, quer dizer que talvez possamos aprender a desinventá-lo também.

Deixe-me dizer o que é um luxo o qual o movimento pela igualdade racial não pode se dar: pessoas brancas sendo frágeis em relação a questões raciais. A premissa deste livro é colocar essas questões na mesa e se envolver em conversas difíceis, é fazer os brancos vivenciarem o desconforto, porque é assim que o progresso é feito. Isso não quer dizer que eu queira ferir intencionalmente os sentimentos das pessoas brancas. Pelo contrário, quero nos levar na direção da cura. Mas não podemos chegar a essa parte sem que duras verdades façam parte do processo.

Se você está criando filhos brancos, por favor, fale com eles sobre raça. Todos nós precisamos ver cor para enxergar o racismo. Além disso, cor e etnia são parte do que torna as pessoas humanas, e negar a qualquer um de nós nossa particularidade é negar nossa humanidade. E, como disse Toni Morrison, a nossa única raça é, no fim das contas, a humana.

Vamos ficar desconfortáveis

A alma deste livro é uma conversa. Espero que, conforme a leitura avançava, você tenha tido conversas semelhantes com pessoas próximas sobre raça, classe e política. Também espero que tenha conversado com pessoas negras. Ouça as pessoas negras, mesmo que isso o deixe ou a deixe um pouco melindrado ou melindrada. E, se por fim você achar que não podem chegar a um acordo, discorde respeitosamente. O privilégio branco pode se impor numa conversa de diversas maneiras, então fique atento ou atenta. Nunca domine a discussão e tente não responder reformulando ou reinterpretando o que uma pessoa negra ou não branca está dizendo. Em vez de dizer a uma pessoa para "se acalmar" se ela estiver, digamos, relatando de forma acalorada um incidente com forte carga racial, entenda suas emoções e se esforce para ouvi-la. E tente não redirecionar as discussões baseadas em raça para outras formas de privilégio. Por exemplo, uma mulher branca falando sobre patriarcado. Isso não quer dizer que outras formas de opressão não sejam válidas. Na verdade, precisamos de todas as discussões cruzadas que pudermos ter. Só estou dizendo que o foco deve estar no assunto em questão. E também que não estamos nas Olimpíadas da opressão.

Alguns conselhos sobre como facilitar as discussões em grupo. Certifique-se de estabelecer se o que vai ser compartilhado em grupo é confidencial. Quando estiver se manifestando, fale na primeira pessoa, para evitar generalizar ou falar em nome de um grupo. Perceba quando for o momento de recuar e se recolher. Se normalmente você fica calada ou calado, talvez queira desafiar a si mesma ou a si mesmo e participar de uma discussão. Se costuma compartilhar muito, pode desafiar a si mesma ou a si mesmo a recuar e ouvir mais.

Além disso, você não vai querer se esgotar em sua temporada de estreia, nem mesmo na segunda ou terceira. Vá com calma. No fim das contas, terá uma longa carreira.

Não basta falar

Quero encerrar contando a você sobre minha amiga Brittney. Ela é uma garota branca de 27 anos, cabelos loiros, nascida e criada em Austin, no Texas. Ela é muito diferente de mim. Sempre que faço alguma coisa que a faz balançar a cabeça, ela diz "Ai, *meu deus*" com um forte sotaque sulista. Em resposta, geralmente digo: "Você está viajando". A verdade é que Brittney e eu vivemos como amigos extremamente próximos não apenas apesar das nossas diferenças, mas celebrando-as – porque eu enxergo o fato de ela ser branca e aprecio a beleza que vem com a pessoa. E ela olha para mim, e para minha negritude e minha cultura, e aprecia a beleza que vem com isso. Não tentamos mudar um ao outro. Apenas sorrimos e rimos juntos, e às vezes, rimos um do outro.

Quando penso sobre como seria um país ou um mundo sem racismo, me lembro de 14 de junho de 2020. Eu nem desconfiava que Brittney e uma das minhas melhores amigas, uma garota negra chamada Morolake, haviam conspirado para fazer uma festa surpresa para mim. Foi uma festa em comemoração à minha mudança para Los Angeles para assumir meu novo emprego (no "Speak For Yourself" [Fale por si mesmo], programa do qual eu seria apresentador no canal Fox Sports 1). Eu estava na casa de Ande, uma das minhas antigas produtoras na ESPN, relembrando meu tempo em Austin, quando Brit e Mo me ligaram para dizer que um cheiro estranho estava vindo da minha casa. Elas disseram que eu precisava voltar o mais rápido possível. Minha casa ficava a quinze minutos de onde eu estava. Eu disse: "Gente, o que quer que seja, não estou preocupado". Mas elas insistiram: "Você tem que resolver isso imediatamente".

Ande e eu nos abraçamos e derramamos algumas lágrimas, e eu corri para casa para investigar o cheiro misterioso, o que, em retrospecto, realmente não fazia nenhum sentido. Entrei em casa e dei de cara com Brittney. E ela disse: "Depressa, venha aqui. Está vindo daqui". E quando virei o corredor ouvi: "Surpresa!"

Havia dezessete rostos sorridentes me encarando: todos os meus amigos mais queridos em Austin tinham ido se despedir de mim. Desse grupo de amigos, oito pessoas eram brancas. Alguns eram pastores, líderes de pequenos grupos e preparadores físicos em Austin. E desse mesmo grupo de amigos sete pessoas eram negras. Havia alguns ex-atletas profissionais. Uma das pessoas era inter-racial e outra era mexicana. E todos estavam reunidos na minha casa com um sorriso no rosto enquanto comemorávamos. Veja, isso foi no meio das filmagens do episódio 3 de *Conversas Desconfortáveis com um Homem Negro*. Eu me dei conta de que estava vivendo o que promovo no programa, e foi uma sensação ótima. Porque naquela sala havia brancos, negros, mexicanos e pessoas inter-raciais, e estávamos todos lá comendo, rindo, conversando e aproveitando a companhia uns dos outros.

Todos nós também usávamos máscara, já que ainda estávamos no meio da pandemia do coronavírus. Mas, a certa altura, tiramos as máscaras por um segundo para tirar uma foto juntos. Meu objetivo é que a vida se pareça muito com aquele grupo de dezessete pessoas reunidas em torno da ilha na minha cozinha com um sorriso no rosto, vivendo a vida juntos na minha festa surpresa. Um mundo sem racismo é estarmos num país, num continente, num mundo celebrando a vida juntos, seja qual for o lugar de onde viemos.

Acabar com o racismo não é uma linha de chegada que vamos cruzar. É um caminho que vamos percorrer.

AGRADECIMENTOS

Acho que esta é a parte do livro em que devo agradecer a todas as pessoas fundamentais que me ajudaram a criar *Conversas desconfortáveis com um homem negro*. É quase como um discurso de agradecimento por um prêmio. O que, a propósito, nunca fui bom em fazer porque não ganhei muitos prêmios, mas lá vai!

A você, sim, você, minha leitora ou meu leitor. OBRIGADO. Este livro, este projeto, as noites em claro, os dedos doendo por causa da artrite e o desgaste nas cordas vocais valem a pena porque você optou por dar o primeiro passo para tornar nosso mundo um lugar melhor. Portanto, obrigado por se sentar em volta desta mesa comigo, por ter esta conversa e por me motivar a continuar, mesmo quando fiquei tentado a desistir.

Oprah, posso dizer com sinceridade que nunca pensei que ia agradecer a você na vida, principalmente porque nunca achei que íamos nos falar ou que você ia saber quem sou. No entanto, percebi rapidamente que pessoas boas são atraídas por coisas boas. Obrigado por parar o que estava fazendo só para pegar o telefone, falar comigo no meio de uma pandemia e ouvir o que eu tinha a dizer. Pratiquei esportes de equipe durante toda a vida e posso dizer com segurança que você é uma das melhores companheiras de equipe que já tive.

Mitch, o homem que colocou sua vida em pausa e largou tudo para me ajudar a realizar meu sonho. Fico feliz que tenha checado suas mensagens no Twitter naquele dia, porque, caso contrário, o mundo talvez não tivesse este livro. Você é um pensador incrível, um escritor incrível e um herói anônimo. Obrigado, meu amigo.

Meghan, quando nos conhecemos pelo Zoom e as pessoas me disseram "Ela vai ser sua melhor amiga nos próximos meses", eu pensei: "Até parece". Bem, sim, eles estavam certos. Você respondia a perguntas a qualquer hora, desafiou meus pensamentos para melhor e interpôs sua pura e genuína... bem, brancura. Você fez com que escrever um livro, uma tarefa das mais assustadoras, fosse algo bastante viável.

Meredith, demorei um pouco para convencê-la no início (não se preocupe, vou contar essa história em outro livro), mas depois que percebeu que o mundo poderia ser inspirado pela minha voz sobre essa questão, você entrou com tudo no projeto e sempre esteve disponível. Obrigado por tolerar a mim e a minha loucura, e obrigado por ajudar este livro a ganhar vida.

Terry, você viu em mim o que eu ainda não tinha visto em mim mesmo: o entusiasmo e a capacidade de levar uma mensagem positiva ao mundo. Obrigado por acreditar em mim.

Rachel, obrigado por elaborar esta ideia comigo. Depois do assassinato de George Floyd, eu não tinha certeza do que fazer, mas sabia que precisava fazer alguma coisa. Quando pedi que se juntasse a mim, você se mostrou mais do que disposta. Quando a Covid-19 mudou nossos planos, me encorajou e estimulou minha capacidade de seguir em frente, mesmo sem você.

Taylor, você estava certo: "Conversas desconfortáveis" soa muito melhor do que "Dúvidas que as pessoas brancas têm". Essa conversa foi muito mais longe do que poderíamos imaginar enquanto estávamos sentados à mesa da minha cozinha. Tudo acontece por uma razão.

Mo, serei eternamente grato a você. Você esteve a meu lado em todos os episódios do programa e em todas as páginas do livro. Antes mesmo de ser um livro, quando era apenas um esboço e eu passava 24 horas seguidas acordado, adormecendo sobre o teclado, você continuava de onde eu havia parado e me ajudava a transformar coisas sem sentido em frases. Quando eu ficava nervoso demais, a ponto de não conseguir comer, porque sabia o peso potencial que estas palavras poderiam carregar, você se certificava de que eu estava cuidando de mim enquanto tentava ajudar tantas pessoas. Talvez este livro pudesse ter sido escrito sem você, mas não quero imaginar como. Obrigado.

A meu irmão Sam, você me inspira, me encoraja e me motiva. Tudo que faço, eu tento fazer com excelência por sua causa. Você é minha maior inspiração, e eu o amo mais do que você imagina. Obrigado por estabelecer padrões tão altos. Você fez de mim um homem e um ser humano melhor.

Steph, seu amor por mim não passa despercebido. Você sempre quis me ver vencer e foi a primeira a pôr em palavras minha atual realidade de vida. Obrigado por acreditar em mim antes que houvesse muito em que acreditar.

Chichi, você é para sempre um dos meus seres humanos favoritos na terra. Quando minha vida ficou caótica, nossas conversas sobre tudo e nada ao mesmo tempo me mantiveram são. Não consigo imaginar a vida sem você. Você é a melhor.

Pai, herdei minha habilidade de me comunicar de você. Se minhas palavras tocaram tantas pessoas, isso se deve a tudo que aprendi e a tudo que você me ensinou enquanto eu crescia. Obrigado pelos sacrifícios que fez por mim, que me permitiram estar numa posição de tentar mudar o mundo. Você me ensinou a trabalhar e a me sacrificar. Você me ensinou a dizer a verdade com graça e amor. Eu sou quem sou por sua causa.

Mãe, você é um anjo na terra. Se meu pai me ensinou a me comunicar, você me ensinou a ter compaixão. Obrigado por ser minha maior animadora de torcida e maior apoiadora. Obrigado por sempre se certificar de que seu filho mais novo se sentisse amado e cuidado. Eu amo você.

Por último, termino este livro da mesma maneira que começo todos os episódios de *Conversas Desconfortáveis com um Homem Negro* e tudo que faço de importante. Agradecendo a Deus. Costumo me referir a esta temporada da minha vida como meu "momento Ester" (Ester 4:14). Fico honrado por Deus ter me preparado e me convocado a ser um mensageiro neste momento. O amor de Jesus por mim estabeleceu o padrão para a maneira como sou chamado a amar as pessoas e para a maneira como sou chamado a amar você, meu leitor ou minha leitora.

Sinto-me honrado por ter tido a oportunidade de escrever este livro e transmitir esta mensagem, e agradeço muito por você ter escolhido me acompanhar nesta jornada.

Vamos continuar mudando o mundo, juntos. Eu amo todos vocês.

CONVERSAS RÁPIDAS

Na liga nacional de futebol americano, temos um livro que contém todas as jogadas de que um jogador pode precisar para atuar na defesa. Provavelmente algo próximo de cem jogadas diferentes. Formações diferentes. Variações diferentes. Ajustes diferentes, e assim por diante. A cada semana, você escolhe de vinte a 25 jogadas do livro, dependendo da estratégia do seu oponente. Durante meu tempo jogando pela equipe dos Eagles, isso sempre acontecia na reunião da defesa um dia antes da partida, quando meu técnico Rick Minter entregava a mim e aos outros *linebackers* o que chamávamos de *Livreto de Dicas do LB (Linebacker)*. Tinha cerca de doze páginas grampeadas, com nosso nome e nosso número na primeira folha, e dentro, um lembrete de todas as jogadas que tínhamos treinado naquela semana, todas. No fim do livreto, mais ou menos nas duas últimas páginas, havia uma seção sobre "coisas em que prestar atenção". Eram coisas que poderiam não ter sido o que havíamos treinado durante a semana, mas que talvez fossem usadas no jogo do dia seguinte.

É isso que este pequeno capítulo bônus se propõe a ser. Há todos os tipos de "coisas em que prestar atenção" no caminho para uma aliança antirracista, e também, para ser sincero, muitas coisas sobre as quais recebi perguntas e que não consegui abordar ao longo dos outros capítulos. Podemos não ter discutido mais detalhadamente os tópicos a seguir, mas estou lhe dando este pequeno livreto de dicas porque você pode se deparar com elas ao longo da vida.

Termos

Antes de partir para as informações, deixe-me dizer: tudo de que vou falar é parte da cultura negra. O fato de eu dar explicações a você não significa que a cultura negra seja estranha ou exótica ou que precise ser explicada. A cultura negra não é inferior à cultura branca, e isto não é um safári. Mas a cultura negra é, em muitos aspectos, diferente da cultura branca. E enquanto estiver lendo estas palavras, tenha em mente que os brancos tiveram o benefício de sua cultura ter se tornado a cultura dominante. Os negros nunca dominaram, e quaisquer que tenham sido as chances de sua cultura se tornar popular, essas chances não existem há tanto tempo nem surgem com a mesma frequência com que isso acontece com os brancos.

Por mais básico que pareça, vamos começar este mergulho na cultura negra com uma rápida definição de *cultura*. Pesquise a palavra *cultura* no Google e você vai encontrar um monte de definições, mas, para simplificar, vou usar a descrição de cultura do antropólogo Bronisław Malinowski como uma "unidade bem organizada dividida em dois aspectos fundamentais: um conjunto de artefatos e um sistema de costumes". Ou seja: culturas são coisas feitas por um grupo de pessoas e também sua forma de fazer as coisas.

A segunda palavra que quero que você conheça é *diáspora*. Uma *diáspora* é a dispersão de um povo, idioma ou cultura fora do lugar de onde vieram originalmente. Portanto, no caso dos negros, a diáspora africana inclui os negros e seus descendentes que vivem fora do continente africano. Todos os negros nos Estados Unidos e no Brasil, por exemplo, fazem parte da diáspora africana. Também há uma diáspora branca, embora os europeus não usem o termo com a mesma frequência. Uma coisa importante a lembrar é que os africanos foram, em sua maioria, forçados a se dispersar, ao passo que a maioria dos europeus veio para os Estados Unidos e para outros países por vontade própria (e também, é claro, sem correntes). Outra coisa importante a lembrar é que a diáspora abriga uma infinidade de culturas. Muito bem, espero que tudo isso tenha sido esclarecedor e útil.

Agora, vamos às dicas.

Nomes negros

Um dia, quando trabalhava para a ESPN, um colega e eu estávamos num intervalo de filmagens, e ele me perguntou: "Ei, cara, eu adoraria se você me respondesse uma coisa: por que os negros têm nomes tão incomuns? Nós, pessoas brancas, temos nomes como Steven e Dan ou Sarah, Britney e Anna, mas vocês, negros, têm Carmelos, LaMichaels, LeBrons. Vocês têm muitos nomes incomuns". Bem, nomes negros são definitivamente uma questão. Mas a primeira coisa que vou dizer é que eles não são estranhos. Simplesmente não são aceitos como algo convencional.

Para entender os nomes negros, devemos estar cientes de que, durante a escravidão, os negros adotavam o nome da família de seu senhor. Devemos observar também que, embora tenham perdido quase toda a autonomia durante o período em que foram escravizados, muitos deles mantiveram a prerrogativa de dar nome aos filhos, e dar nome aos filhos era uma forma importante de estabelecer o lugar do negro em sua comunidade e uma maneira de rastrear membros da família que às vezes (muitas vezes) eram enviados para outro lugar.

Depois da emancipação, os negros nos Estados Unidos mantiveram a prática de escolher nomes especiais. No entanto, as pessoas que faziam isso eram sempre poucas, menos de 5%. Muito antes de haver Latasha, LeBron ou Shaniqua, havia Booker e Perlie. Na verdade, no censo de 1920, 99% dos homens cujo primeiro nome era Booker eram negros, assim como 89% dos homens chamados Perlie. Nomes como Tyrone, Darnell e Kareem se tornaram populares durante o movimento pelos direitos civis. De acordo com uma pesquisa da ABC News, atualmente entre os principais nomes femininos de pessoas negras estão Imani, Ebony e Precious. Entre os principais nomes masculinos para pessoas negras estão DeShawn, DeAndre e Marquis. Outro fato curioso sobre a evolução dos nomes: historicamente, quanto mais os negros usam um nome, menos os brancos o usam também.

O cabelo da mulher negra

Veja bem, sou o primeiro a admitir que não sei tudo sobre o cabelo das mulheres negras, mas sei uma ou duas coisas. Uma coisa que sei é que, para algumas mulheres negras, os cabelos são uma coroa. Outra coisa que sei é que é melhor você não tocar no cabelo de uma mulher negra sem permissão. Quer dizer, Solange Knowles literalmente tem uma canção cujo título é "Don't Touch My Hair" [Não toque no meu cabelo], e o livro mais vendido da comediante Phoebe Robinson é intitulado *You Can't Touch My Hair* [Você não pode tocar no meu cabelo]. Se você for à famosa 125th Street, no bairro do Harlem, em Nova York, e caminhar de leste a oeste, vai poder ver algumas mulheres negras, em geral africanas, sentadas do lado de fora de um salão de beleza, gritando para as mulheres que passam: "Moça, moça, quer fazer tranças no cabelo?" Há um motivo pelo qual essas mulheres negras fazem isso, um motivo pelo qual você provavelmente nunca verá um cabeleireiro branco fazendo o mesmo. Porque o intocável cabelo das mulheres negras é uma parte importante da cultura negra.

A história é antiga. Dê uma olhada nos antigos hieróglifos egípcios e vai ver imagens de *dreadlocks*, afros e tranças, estilos que as mulheres negras ainda usam hoje. Embora as madeixas trançadas tenham origem na cultura hindu antiga, eles são uma parte importante da cultura africana. Em algumas partes da Nigéria – viva meu povo! –, as tranças podem comunicar coisas como idade, religião, se uma pessoa é casada ou não e qual é a sua posição na hierarquia de uma nação. E há uma infinidade de estilos. Os coquinhos *bantu* são muito populares entres os zulus da África do Sul. As tranças também são uma tradição cultural africana que conseguiu se perpetuar enquanto os negros foram escravizados – como as tranças enraizadas, que não apenas representavam a terra natal dos negros, mas também ajudavam a proteger o cabelo das pessoas enquanto trabalhavam no campo. As tranças ainda têm alguns dos mesmos propósitos hoje. Muitas mulheres negras as usam para proteger os cabelos, até mesmo trançando fios sintéticos para dar maior proteção ou estilo. Se for se lembrar de apenas uma coisa que eu disse, lembre-se de que muitas mulheres negras amam seus cabelos e adoram arrumá-los – e não é para você tocá-los.

Bandanas durags

Se esta fosse outra parte do livro, eu contaria a você que, até o comércio de escravizados, muitos homens africanos usavam cabelos compridos – era um sinal de muitas coisas positivas, experiência de vida, posição social numa nação e assim por diante –, mas que, quando os africanos chegaram ao continente americano, os brancos, que estavam determinados a apagar sua cultura, manter seus cabelos limpos e maximizar a produção, começaram a obrigá-los a usar cabelos curtos. Eu contaria como os homens negros experimentaram uma infinidade de penteados populares desde a emancipação, do alisamento ao afro, dos cachos *jheri* ao corte *fade*. Se essa fosse uma parte anterior do livro, eu exploraria toda essa história... Mas como não é, vou direto à parte da qual realmente quero falar, que são as *waves*. Minhas *360 waves*.

As *360 waves* são os cabelos de uma pessoa negra penteados em espiral e alisados com pomada e escova. E, cara, quando eu era mais novo, em especial quando estava no ensino fundamental e no ensino médio, ter esse penteado era como ter o último modelo de camiseta esportiva retrô ou tênis do Jordan novinhos em folha; era o equivalente ao que é para um homem adulto agora ter um Rolex. Para conseguir as ondas, eu tinha que usar uma touca e tinha que alisar meu cabelo o tempo todo; na verdade o tempo todo que não estava perto de brancos. Bem, o que eu chamava de touca também se chama bandana *durag*. Ninguém sabe realmente quem inventou a durag, mas um sujeito chamado Darren Dowdy, presidente da So Many Waves [Tantas ondas], afirma que seu pai, William J. Dowdy, a inventou no fim dos anos 1970 como parte de um kit para fazer as *360 waves* no cabelo. Créditos de inventor à parte, ela é uma parte essencial da busca de muitos jovens por ondas nos cabelos, pois ajuda a apertá-las. Também evoluiu para além de sua finalidade prática e se tornou um acessório de moda hip-hop (a durag como acessório de moda nunca foi minha praia, só para constar). Alguns caras as usam desamarradas debaixo de um boné de beisebol. Ou com as pontas amarradas atrás. Ou com as pontas amarradas na frente. Seja qual for o estilo, não há como negar o fato de que o penteado *360 waves* é uma parte importante da evolução do cabelo dos homens negros e que as durags são essenciais para obtê-lo.

Calças caídas

Quando estava no ensino médio, eu costumava usar uniforme. E fazia parte do meu uniforme garantir que minhas calças ficassem com o cós na altura da cintura, presas por um cinto. Ao mesmo tempo, eu costumava ver pessoas como Allen Iverson, da liga nacional de basquete, que não só usava roupas muito largas, mas também usava as calças caídas, isto é, muito largas, cuja cintura ficava bem abaixo do que é usado normalmente, geralmente com a cueca aparecendo. Esse era o estilo na época, mas minha escola particular não aderiu à moda, nem meus pais. Agora que sou adulto, continuo não usando calças caídas – não é a minha praia. Mas não há como negar que as calças caídas são um fenômeno cultural negro, e as conversas em torno delas estão impregnadas de uma questão de classe.

O que eu não sabia quando era mais novo era que as calças caídas eram algo que se originou nas prisões (talvez os adultos soubessem, e fosse por isso que eram tão inflexíveis em relação a elas). Na prisão, como podem ser usados como arma ou para se cometer suicídio, os cintos são proibidos. Como não existe a preocupação de que os uniformes se ajustem ao corpo dos detentos, as pessoas costumavam andar com calças muito largas na cintura – daí a moda de usar calças caídas. Mais cedo ou mais tarde, a maioria dos detentos ganha liberdade, e foi com a volta desses caras para o mundo livre que a moda das calças caídas pegou fora das prisões.

Em pouco tempo, os jovens adotaram a moda, e seus pais passaram a repreendê-los, o que foi uma receita perfeita para que aderissem ainda mais a ela. Um alerta aos desavisados que estão pensando em adotar esse aspecto específico da cultura negra: usar calças caídas está associado a problemas no quadril e na região lombar e a disfunção erétil. Se isso não for o suficiente para desencorajá-lo, ofereço-lhe algumas palavras do presidente mais legal que já existiu. "Nossos irmãos deveriam puxar as calças para cima", disse Barack Obama em entrevista à MTV em 2008. "Você passa pela sua mãe, pela sua avó, e sua cueca está à mostra. Qual o problema deles? Por favor. Algumas pessoas podem não querer ver sua roupa íntima. Eu sou uma delas".

Pessoalmente, digo a meus companheiros negros: sejam vocês mesmos. E a meus amigos brancos: não digam nada em contrário, simplesmente não é da sua conta. Mas, não, não vou ficar exibindo minha cueca para minha avó.

Joias

No antigo sucesso de Kanye "Diamonds from Sierra Leone" [Diamantes de Serra Leoa], ele canta: *"It's in a black person soul to rock that gold"* [Está na alma das pessoas negras ostentar esse ouro]. Bem, adivinhe só: eu uso minhas duas correntes de ouro religiosamente. Você provavelmente já viu um rapper (ou um jogador da liga nacional de futebol americano ou da liga nacional de basquete sem uniforme) ostentando seu ouro também – provavelmente com alguns diamantes. Bem, acontece que o uso de joias vistosas pelos negros tem uma longa, longa história. Na verdade, as joias africanas datam de 75 mil anos atrás, quando os antigos sul-africanos usavam cascas de caracol do tamanho de ervilhas como contas. Os reis africanos proclamavam seu status com uma profusão de joias vistosas: colares, anéis e braceletes de ouro. E isso não acontecia só na África Subsaariana. As joias vistosas também fazem parte de muitas culturas africanas no norte (você já viu imagens de faraós egípcios?). O país que hoje conhecemos como Gana era chamado de Costa do Ouro pelos primeiros colonizadores, devido à riqueza do ouro na região. E quando digo primeiros estou me referindo aos portugueses nos anos 1400 (aos quais se seguiram os dinamarqueses, holandeses e ingleses). Os europeus chegaram à África para negociar esse ouro e logo construíram enormes fortes para guardar seus tesouros (isto é, até descobrirem que comprar e vender africanos era muito mais rentável). Os fulas são conhecidos por suas elaboradas joias de ouro, às vezes brincos dourados com doze centímetros de comprimento. Os chefes axantes são conhecidos por usar adornos de cabeça e até sandálias de ouro. A arte da joalheria teve uma imensa importância cultural na África. Se você quiser saber por que eu uso minhas duas correntes ou por que o rapper Slick Rick usa uma profusão de correntes desde os anos 1980 ou por que Diddy, outro rapper, cobre o pescoço de correntes desde os anos 1990 ou por que parece que todo jovem rapper hoje usa uma quantidade excessiva de joias vistosas, bem, isso está em nosso sangue cultural desde antes de os Estados Unidos serem fundados.

Hidratante

"Qual é o lance das pessoas negras com o hidratante?", perguntou um dos meus amigos brancos. Eu poderia ter respondido com a ciência mais uma vez, explicando a ele que nossa pele age como uma barreira que nos protege do mundo exterior e que funciona melhor quando está hidratada. Eu poderia ter dito a ele que a questão dos negros com o hidratante é que eles parecem dar mais importância a esse fato científico. Mas não disse nada disso; o que eu disse foi que o ressecamento da pele fica mais proeminente nas pessoas com pele mais escura, que assume uma coloração esbranquiçada que chamamos de "ruça" (imagine as cinzas após a erupção de um vulcão). O que eu disse a ele é que, quando se é negro, a gente não quer que a pele fique com uma aparência cinzenta. Quando dizemos que outra pessoa negra está "ruça", isso significa que podemos ver que sua pele está seca, e isso é uma tremenda gafe.

Para combater a pele esbranquiçada, os negros usam grandes quantidades de hidratante, e muitas vezes o carregam com eles. Outro dia vi um vídeo no Twitter de um pai arrumando o filho para a escola. O pai pegou um punhado de vaselina e espalhou pelo rosto do menino. Quando terminou, ele parecia um picolé lambido.

A vaselina é popular e o mesmo ocorre com a manteiga de cacau e a manteiga de karité, ou, raramente, a manteiga tradicional. O que os brancos também precisam entender, ou não, sobre a hidratação da pele é que é uma prática cultural passada de geração em geração. E esse conhecimento inclui saber as partes do corpo que têm mais probabilidade de ficarem ruças: tornozelos, cotovelos, joelhos e mãos. Deixar de hidratar um desses pontos nos deixa vulneráveis a provocações e/ou a insinuações de que não estamos cuidando de nós mesmos. Ambas são conclusões ruins. Então, sim, o hidratante está no topo da nossa lista de prioridades de autocuidado. Você não vai me ver ruço por aí.

Pele negra não envelhece

Uma das minhas amigas brancas me perguntou um dia sobre a expressão "pele negra não envelhece". Ela achava que era apenas uma figura de linguagem. Bem, é e não é. "Pele negra não envelhece" é como um teste de antropologia e ciências num só. No âmbito antropológico, quando os primeiros humanos deixaram o continente africano, alguns deles migraram para regiões mais frias e passaram a ter menos melanina (além de outras adaptações para regiões mais frias). A ciência é a seguinte: quanto mais escura é a pele, maiores são as bolsas nas células epiteliais. Essas bolsas são chamadas de *melanossomos* e contêm melanina. Se você é pálido, tem pouca melanina. Se é asiático, produz um tipo de melanina amarelada ou avermelhada chamado *feomelanina* (também o pigmento responsável pelo cabelo ruivo).

Os negros produzem a melanina mais escura e espessa de todas. Ela é chamada de *eumelanina*. A melanina absorve e dispersa uma quantidade maior de raios solares, o que significa que, quanto mais melanina você tem, mais proteção contra esses raios. Qualquer dermatologista que se preze poderá lhe dizer que há dois fatores que causam o envelhecimento da pele: o envelhecimento natural e o fotoenvelhecimento. Sinto informar, mas a menos que você tenha uma máquina do tempo, não há nada que possa fazer em relação ao envelhecimento natural, mas o fotoenvelhecimento, que é causado pelo sol, bem, aí é outra história. Quanto mais proteção contra o sol sua pele ou algum tipo de recurso lhe der, melhor você vai envelhecer. Daí a expressão "pele negra não envelhece" atribuída a nós, pessoas de pele escura. E se estiver procurando o maior exemplo de "pele negra não envelhece", basta olhar para nossa radiante deusa Angela Bassett!

RECOMENDAÇÕES

Aqui estão todas as recomendações que fiz ao longo do livro (e mais algumas).

Para ler

LIVROS

- Theodore W. Allen, *The Invention of the White Race*
- Carol Anderson, *White Rage: The Unspoken Truth of Our Racial Divide*
- Jabari Asim, *The N Word: Who Can Say It, Who Shouldn't, and Why*
- James Baldwin, *The Fire Next Time*
- Eduardo Bonilla-Silva, *Racismo sem racistas*
- Mahogany Browne, *Woke Baby*
- Robin DiAngelo, *White Fragility*
- Karen E. Fields e Barbara J. Fields, *Racecraft: The Soul of Inequality in American Life*
- Noel Ignatiev, *How the Irish Became White*

- Ibram X. Kendi, *Como ser antirracista*
- Ibram X. Kendi e Jason Reynolds, *Stamped: Racism, Antiracism, and You*
- Toni Morrison, *O olho mais azul*
- Khalil Gibran Muhammad, *The Condemnation of Blackness: Race, Crime, and the Making of Modern Urban America*
- Dorothy Roberts, *Fatal Invention: How Science, Politics, and Big Business Re-Create Race in the Twenty-First Century*
- Cornell West, *Race Matters*
- Richard Wright, *Filho nativo*
- Malcolm X e Alex Haley, *The Autobiography of Malcolm X*

ENSAIOS

- David Bradley, "Eulogy for Nigger"
- Jonathan Chait, "Is the Anti-Racism Training Industry Just Peddling White Supremacy?"
- Ta-Nehisi Coates, "The Case for Reparations"
- David Goodman Croly e George Wakeman, *Miscegenation: The Theory of the Blending of the Races, Applied to the American White Man and Negro*
- Langston Hughes, "The Negro and the Racial Mountain"
- Frances E. Kendall, "How to Be an Ally If You Are a Person with Privilege"
- Kee Malesky, "The Journey From 'Colored' to 'Minorities' to 'People of Color'"
- Rachel Miller, "How to Talk to Relatives Who Care More About Looting Than Black Lives"
- Corinne Shutack, "100 Things White People Can Do for Racial Justice"

- Tom Smith, "Changing Racial Labels: From 'Colored' to 'Negro' to 'Black' to 'African American'"

RELATÓRIOS

- Otto Kerner et al., *The Kerner Report*
- Daniel Patrick Moynihan, *The Moynihan Report Watch*

Para assistir

- Ava DuVernay, *Olhos Que Condenam*
- Sam Green e Bill Siegel, *Tempo de Protesto*
- Allen e Albert Hughes, *Perigo para a Sociedade*
- Barry Jenkins, *Se a Rua Beale Falasse*
- Loki Mulholland, *Black, White & Us*
- Jason Osder, *Deixe Queimar*
- Raoul Peck, *Eu Não Sou Seu Negro*
- John Singleton, *Os Donos da Rua*
- Bryan Tucker, *Closure*

Para ouvir

PODCASTS

- *Code Switch*
- *Therapy for Black Girls*
- *Therapy for Black Men*

MÚSICAS

- Keedron Bryant, "I Just Wanna Live"
- Jay-Z, "The Story of O.J."
- Lupe Fiasco, "Chopper"
- Public Enemy, *It Takes a Nation of Millions to Hold Us Back* (Álbum)

Onde pesquisar

- Para saber sobre votação pelo correio nos estados norte-americanos: www.usa.gov/absentee-voting
- Zonas eleitorais ou comunidade: www.vote.org/polling-place-locator/
- League of Women Voters: www.lwv.org
- NAACP: www.naacp.org
- Big Brothers Big Sisters: www.bbbs.org
- National Mentoring Resource Center: www.nationalmentoringresourcecenter.org
- The Marshall Project: themarshallproject.org
- Black Lives Matter: www.blacklivesmatter.com
- National directory of bail funds: www.communityjusticeexchange.org/nbfn-directory
- Câmeras no uniforme de policiais: www.ncsl.org/research/civil-and-criminal-justice/body-worn-cameras-interactive-graphic.aspx
- Racial Equity Tools: www.racialequitytools.org
- Anti-Defamation League: www.adl.org
- United Nations: www.un.org

O que fazer

- Manifeste-se se vir uma pessoa negra sendo discriminada num espaço público.
- Tente comprar os livros que recomendei aqui em livrarias cujos donos são pessoas negras.
- Faça um teste de preconceito implícito. Caso esteja em dúvida sobre qual, tente este da Harvard University: https://implicit.harvard.edu/implicit/takeatest.html
- Visite o Museu Nacional de História e Cultura Afro-americana em Washington, D.C., ou outro museu dedicado à história e cultura negras no seu país, estado ou cidade.
- Visite o Memorial Nacional para Paz e Justiça da Equal Justice Initiative (informalmente conhecido como National Lynching Memorial) em Montgomery, Alabama.
- Agende uma reunião com o responsável por diversidade e inclusão em seu trabalho; descubra as iniciativas que estão em curso e pergunte como pode ajudar. Se não houver um diretor responsável por isso, agende uma reunião com seu gerente ou diretor para perguntar sobre os objetivos de diversidade e inclusão da empresa.
- Matricule-se numa academia predominantemente frequentada por pessoas negras. Sugiro que você faça aulas avulsas no começo e, caso se sinta confortável depois de várias visitas, tente fazer uma assinatura mensal. É uma ótima maneira de conhecer pessoas negras.
- Seja voluntário em associações que doam alimentos.
- Faça aulas de culinária étnica. É uma ótima maneira de aprender sobre outra cultura.

- Explore cursos de estudos, história e/ou literatura negra (ou afro-americana ou afro-brasileira) em faculdades e universidades locais.
- Inscreva-se num seminário de treinamento antirracista.
- Tenha algumas conversas desconfortáveis!

REFERÊNCIAS

1. O JOGO DOS NOMES

BROOKS, Gwendolyn. *Blacks*. Chicago: Third World Press, 1994.
GAYLE, Caleb. "Juneteenth in Tulsa Is a Day of Joy and Pain. Trump's Visit Worsens the Pain". *Slate*, 12 de junho de 2020. Disponível em: <https://slate.com/news-and-politics/2020/06/juneteenth-tulsa-massacre-history-trump-rally.html>.
SMITH, T. W. "Changing Racial Labels: From 'Colored' to 'Negro' to 'Black' to 'African American'". *Public Opinion Quarterly*, vol. 56, n. 4, pp. 496-514, 1992. Disponível em: <https://doi.org/10.1086/269339>.

2. O QUE VOCÊ VÊ QUANDO ME VÊ?

"African American First Names". Family Education. Acessado em 1º de agosto de 2020. Disponível em: <https://www.familyeducation.com/baby-names/browse-origin/first-name/african-american>.

EDGOOSE, Jennifer Y. C.; QUIOGUE, Michelle e SIDHAR, Kartik. "How to Identify, Understand, and Unlearn Implicit Bias in Patient Care". *Family Practice Management*, vol. 26, n. 4, pp. 29-33, 2019.

EDITORES. "Eight Tactics to Identify and Reduce Your Implicit Biases". FPM. Acessado em 1º de agosto de 2020. Disponível em: <https://www.aafp.org/journals/fpm/blogs/inpractice/entry/implicit_bias.html>.

GRUSH, Loren. "Google Engineer Apologizes after Photos App Tags Two Black People as Gorillas". *Verge*, 1º de julho de 2015. Disponível em: <https://www.theverge.com/2015/7/1/8880363/google-apologizes-photos-app-tags-two-black-people-gorillas>.

"Minorities Who 'Whiten' Job Resumes Get More Interviews". HBS Working Knowledge, 17 de maio de 2017. Disponível em: <http://hbswk.hbs.edu/item/minorities-who-whiten-job-resumes-get-more-interviews>.

NIEVA, Richard. "Google Apologizes for Algorithm Mistakenly Calling Black People 'Gorillas'". CNET, 1º de julho de 2015. Disponível em: <https://www.cnet.com/news/google-apologizes-for-algorithm-mistakenly-calling-black-people-gorillas/>.

RUTSTEIN, Nathan. *Healing Racism in America: A Prescription for the Disease*. Springfield, MA: Star Commonwealth, 1993.

3. A FALSA LARGADA

ADICHIE, Chimamanda Ngozi. *Americanah*. São Paulo: Companhia das Letras, 2014.

MCINTOSH, Peggy. "White Privilege: Unpacking the Invisible Knapsack". *Independent School*, p. 7, 1990.

TAYLOR, Jamila; NOVOA, Cristina; HAMM, Katie e PHADKE, Shilpa. "Eliminating Racial Disparities in Maternal and Infant Mortality". Center for American Progress. Acessado em 1º de agosto de 2020. Disponível em: <https://www.americanprogress.org/issues/women/reports/2019/05/02/469186/eliminating-racial-disparities-maternal-infant-mortality/>.

4. CITE SUAS FONTES OU ABANDONE A AULA

AVINS, Jenni e QUARTZ. "The Dos and Don'ts of Cultural Appropriation". *Atlantic*, 20 de outubro de 2015. Disponível em: <https://www.theatlantic.com/entertainment/archive/2015/10/the-dos-and-donts-of-cultural-appropriation/411292/>.

GRAY, Danielle. "Kim Kardashian Slammed for Calling Cornrows 'Bo Derek Braids'". *Allure*, 29 de janeiro de 2018. Acessado em 13 de agosto de 2020. Disponível em: <https://www.allure.com/story/kim-kardashian-called-cornrows-bo-derek-braids-lol-come-on-girl>.

HORNE, Madison. "A Visual History of Iconic Black Hairstyles". History.com, 1º de fevereiro de 2019. Disponível em: <https://www.history.com/news/black-hairstyles-visual-history-in-photos>.

SAXENA, Jaya. "'What Would America Be like If We Loved Black People as Much as We Love Black Culture?'". *Medium*, 2 de junho de 2016. Disponível em: <https://medium.com/the-hairpin/what-would-america-be-like-if-we-loved-black-people-as-much-as-we-love-black-culture-c7bddee721c3>.

5. O EU MÍTICO

ASMELASH, Leah. "How Karen Became a Meme and What Real--Life Karens Think About It". CNN, 30 de maio de 2020. Disponível em: <https://www.cnn.com/2020/05/30/us/karen-meme-trnd/index.html>.

CASSIDY, Laurie. "The Myth of the Dangerous Black Man". In: MIKULICH, Alex; CASSIDY, Laurie e PFEIL, Margaret (orgs.). *The Scandal of White Complicity in US Hyper-Incarceration: A Nonviolent Spirituality of White Resistance*. Nova York: Palgrave Macmillan, 2013, pp. 89-115.

FOTTRELL, Quentin. "How America Perfected the 'Art of Demonizing Black Men'". MarketWatch. Acessado em 1º de agosto de 2020. Disponível em: <https://www.marketwatch.com/story/george-floyds-and-christian-coopers-are-all-around-you-just-the-latest-in-americas-long-history-of-demonizing-black-men-2020-06-04>.

NPR.org. "'To Be In A Rage, Almost All The Time': 1A". Acessado em 14 de agosto de 2020. Disponível em: <https://www.npr.org/2020/06/01/867153918/-to-be-in-a-rage-almost-all-the-time>.

WESTBROOK, Dmitri C. "Opinion Editorial: Why Is It That so Many White People Fear Black Men?" *College Student Affairs Leadership*, vol 1, vol. n. 2, p. 3, 2014.

6. NÃÃÃÃÃO!

BRADLEY, David. "Eulogy for Nigger". *Independent*, 28 de outubro de 2015. Disponível em: <https://www.independent.co.uk/news/world/world-history/eulogy-for-nigger-the-provocative-title-that-has-been-printed-verbatim-a6687016.html>.

"How Americans See the State of Race Relations". Pew Research Center's Social & Demographic Trends Project, 9 de abril de 2019. Disponível em: <https://www.pewsocialtrends.org/2019/04/09/how-americans-see-the-state-of-race-relations/>.

PRICE, Sean. "Straight Talk About the N Word". Teaching Tolerance. Outono de 2011. Disponível em: <https://www.tolerance.org/magazine/fall-2011/straight-talk-about-the-nword>.

7. A BANCA SEMPRE VENCE

ADAMS, James Truslow. *The Epic of America*. Safety Harbor, FL: Simon Publications, 2001.

ARMSTRONG, April C. "The Origins of the 'Ivy League'". Blog da Mudd Manuscript Library, 1º de julho de 2015. Disponível em: <https://blogs.princeton.edu/mudd/2015/07/the-origins-of-the-ivy-league/>.

BOUIE, Jamelle. "Persistent Racism in Housing Is a Tax on Blackness". *Slate*, 13 de maio de 2015. Disponível em: <https://slate.com/news-and-politics/2015/05/racism-in-real-estate-landlords-redlining-housing-values-and-discrimination.html>.

KIJAKAZI, Kilolo; BROWN, Steven; CHARLESTON, Donnie e RUNES, Charmaine. "Next50 Catalyst Brief: Structural Racism". Urban Institute, 11 de outubro de 2019. Disponível em: <https://www.urban.org/research/publication/next50-catalyst-brief-structural-racism>.

MENIUS, Arthur. "Country Clubs". In: POWELL, William S. (org.). *Encyclopedia of North Carolina*. Chapel Hill: University of North Carolina Press, 2006. Disponível em: <https://dev.ncpedia.org/country-clubs>.

ROTHSTEIN, Richard. *The Color of Law: A Forgotten History of How Our Government Segregated America*. 1. ed. Nova York: Liveright, 2017.

SIMMS, Margaret. "Say African American or Black, but First Acknowledge the Persistence of Structural Racism". Urban Institute, 8 de fevereiro de 2018. Disponível em: <https://www.urban.org/urban-wire/say-african-american-or-black-first-acknowledge-persistence-structural-racism>.

8. MUDANDO A NARRATIVA

BAKER, Kelly J. "White-Collar Supremacy". *New York Times*, 25 de novembro de 2016. Disponível em: <https://www.nytimes.com/2016/11/25/opinion/white-collar-supremacy.html>.

COTTOM, Tressie McMillan. "The Problem with Obama's Faith in White America". *Atlantic*, 13 de dezembro de 2016. Disponível em: <https://www.theatlantic.com/politics/archive/2016/12/obamas-faith-in-white-america/510503/>.

DESMOND-HARRIS, Jenée. "Why We Don't Have White History Month". Vox, 7 de fevereiro de 2017. Disponível em: <https://www.vox.com/identities/2017/2/7/14503144/white-history-month-black-history-month-white-pride-nationalism-racism>.

FISH, Stanley. "Reverse Racism, or How the Pot Got to Call the Kettle Black". *Atlantic*, 1º de novembro de 1993. Disponível em: <https://www.theatlantic.com/magazine/archive/1993/11/reverse-racism-or-how-the-pot-got-to-call-the-kettle-black/304638/>.

HAUSER, Christine. "Merriam-Webster Revises 'Racism' Entry After a Missouri Woman Argues for Changes". *South Florida Sun Sentinel*, 10 de junho de 2020. Disponível em: <https://www.sun-sentinel.com/

news/nationworld/ct-nw-nyt-racism-dictionary-entry-revised-kennedy-mitchum-20200610-427la6bndjevnpnblqclz5ptay-story.html>.

LEVINE-RASKY, Cynthia. "The Practice of Whiteness Among Teacher Candidates". *International Studies in Sociology of Education*, vol. 10, n. 3, pp. 263-84, 2011.

SCOTT, Eugene. "Majority of Americans Say Race Discrimination Is a Big Problem in the U.S.". *Washington Post*, 10 de julho de 2020. Disponível em: <https://www.washingtonpost.com/politics/2020/07/10/majority-americans-say-race-discrimination-is-big-problem-us/>.

TRAINOR, Jennifer Seibel. "'My Ancestors Didn't Own Slaves': Understanding White Talk About Race". *Research in the Teaching of English*, vol. 40, n. 2, pp. 140-67, 2005.

9. O CONLUIO

BRIGHT, Stephen. "Supreme Court's Ruling on Excluding Blacks from Juries Fixes a Racial Wrong". CNN, 23 de maio de 2016. Disponível em: <https://www.cnn.com/2016/05/23/opinions/supreme-court-black-jurors-bright/index.html>.

"Excluding Blacks From Juries". *New York Times*, 2 de novembro de 2015. Disponível em: <https://www.nytimes.com/2015/11/02/opinion/excluding-blacks-from-juries.html>.

"Felon Voting Rights". National Council of State Legislatures, 28 de julho de 2020. Disponível em: <https://www.ncsl.org/research/elections-and-campaigns/felon-voting-rights.aspx>.

GARCIA, Sandra E. "Texas Woman Sentenced to 5 Years in Prison for Voter Fraud Loses Bid for New Trial". *New York Times*, 13 de junho de 2018. Disponível em: <https://www.nytimes.com/2018/06/13/us/texas-woman-voter-fraud.html>.

GREENBLATT, Alan. "The Racial History of the 'Grandfather Clause'". NPR, 22 de outubro de 2013. Disponível em: <https://www.npr.org/sections/codeswitch/2013/10/21/239081586/the-racial-history-of-the-grandfather-clause>.

"Jim Crow Laws". History.com, 23 de junho de 2020. Disponível em: <https://www.history.com/topics/early-20th-century-us/jim-crow-laws>.

"New Voting Restrictions in America". Brennan Center for Justice, 19 de novembro de 2019. Disponível em: <https://www.brennancenter.org/our-work/research-reports/new-voting-restrictions-america>.

PILKINGTON, Ed. "US Voter Suppression: Why This Texas Woman Is Facing Five Years' Prison". *Guardian*, 28 de agosto de 2018. Disponível em: <https://www.theguardian.com/us-news/2018/aug/27/crime-of-voting-texas-woman-crystal-mason-five-years-prison>.

STONE, Tobias. "Five Acts of Voter Suppression That Will Sway the Next Election". Medium, 30 de julho de 2018. Disponível em: <https://medium.com/s/story/five-acts-of-voter-suppression-that-will-sway-the-next-election-b6979e9ff94c>.

URA, Alexa e PLATOFF, Emma. "Crystal Mason's Ballot Was Never Counted. Will She Still Serve Five Years in Prison for Illegally Voting?". *Texas Tribune*, 17 de setembro de 2019. Disponível em: <https://www.texastribune.org/2019/09/17/crystal-mason-five-year-illegal-voting-provisional-ballot/>.

WALDMAN, Paul. "Republicans Are Serious about Voter Suppression. Here's How to Stop Them". *Washington Post*, 18 de maio de 2020. Acessado em 1º de agosto de 2020. Disponível em: <https://www.washingtonpost.com/opinions/2020/05/18/republicans-are-serious-about-voter-suppression-heres-how-stop-them/>.

X, Malcolm. "The Ballot or the Bullet". Cleveland, Ohio, 3 de abril de 1964.

10. VIDA MARGINAL

ABDULLAH, Tahirah e GRAHAM, Jess. "The Link Between Experiences of Racism and Stress and Anxiety for Black Americans". Anxiety and Depression Association of America. Acessado em 1º de agosto de 2020. Disponível em: <https://adaa.org/learn-from-us/from-the-experts/blog-posts/consumer/link-between-experiences-racism-and-stress-and>.

DILULIO, John. "The Coming of the Super-Predators". *Washington Examiner*, 27 de novembro de 1995. Disponível em: <https://www.washingtonexaminer.com/weekly-standard/the-coming-of-the-super-predators>.

DRUM, Kevin. "A Very Brief History of Super-Predators". *Mother Jones*. Acessado em 1º de agosto de 2020. Disponível em: <https://www.motherjones.com/kevin-drum/2016/03/very-brief-history-super-predators/>.

GARBER, Megan. "'Thug': The Surprisingly Ancient History of a Racially Charged Epithet". *Atlantic*, 28 de abril de 2015. Disponível em: <https://www.theatlantic.com/entertainment/archive/2015/04/thug/391682/>.

HINTON, Elizabeth Kai; HENDERSON, LeShae e REED, Cindy. "An Unjust Burden". Vera Institute of Justice, maio de 2018. Disponível em: <https://www.vera.org/publications/for-the-record-unjust-burden>.

HOWELL, James C. e MOORE, John P. "History of Street Gangs in the United States". National Criminal Justice Reference Service, maio de 2010. Disponível em: <https://www.ncjrs.gov/App/Publications/abstract.aspx?ID=252603>.

LUSSENHOP, Jessica. "Clinton Crime Bill: Why Is It So Controversial?" BBC, 18 de abril de 2016. Disponível em: <https://www.bbc.com/news/world-us-canada-36020717>.

MOCK, Brentin. "Where the Phrase 'Black-on-Black Crime' Came From". Bloomberg, 11 de junho de 2015. Disponível em: <https://www.bloomberg.com/news/articles/2015-06-11/examining-the-origins-of-the-phrase-black-on-black-crime>.

SMITH, Troy L. "Stop Using 'Black-on-Black' Crime to Deflect Away from Police Brutality". Cleveland.com, 23 de junho de 2020. Disponível em: <https://www.cleveland.com/news/2020/06/stop-using-black-on-black-crime-to-deflect-away-from-police-brutality.html>.

"10 Things We Know About Race and Policing in the U.S.". Pew Research Center. Acessado em 1º de agosto de 2020. Disponível em: <https://www.pewresearch.org/fact-tank/2020/06/03/10-things-we-know-about-race-and-policing-in-the-u-s/>.

WASHINGTON-HARMON, Taylyn. "Racism Ruined My Mental Health – but These 5 Resources Are Helping". Health.com, 17 de julho de 2020. Disponível em: <https://www.health.com/mind-body/black-mental-health-resources-to-fight-the-harmful-effects-of-racism>.

11. JUNTANDO OS CACOS

CUMMINGS, Judith. "Breakup of Black Family Imperils Gains of Decades". *New York Times*, 20 de novembro de 1983. Disponível em: <https://www.nytimes.com/1983/11/20/us/breakup-of-black-family-imperils-gains-of-decades.html>.

DELANEY, Paul. "Kerner Report at 50: Media Diversity Still Decades Behind". *USA Today*, 20 de março de 2018. Disponível em:

<https://www.usatoday.com/story/money/nation-now/2018/03/20/kerner-report-50-media-diversity-still-decades-behind/1012047001/>.

GOLDBERG, Joel. "It Takes a Village to Determine the Origins of an African Proverb". NPR, 30 de julho de 2016. Disponível em: <https://www.npr.org/sections/goatsandsoda/2016/07/30/487925796/it-takes-a-village-to-determine-the-origins-of-an-african-proverb>.

HUNTER, Tera W. "Married Slaves Faced Wrenching Separations, or Even Choosing Family Over Freedom". History.com, 20 de setembro de 2019. Disponível em: <https://www.history.com/news/african-american-slavery-marriage-family-separation>.

KRECH, Shepard. "Black Family Organization in the Nineteenth Century: An Ethnological Perspective". *Journal of Interdisciplinary History*, vol. 12, n. 3, pp. 429-52, 1982. Disponível em: <https://doi.org/10.2307/203268>.

"Media Portrayals and Black Male Outcomes". Opportunity Agenda. Acessado em 1º de agosto de 2020. Disponível em: <https://www.opportunityagenda.org/explore/resources-publications/media-representations-impact-black-men/media-portrayals>.

"Media Representations and Impact on the Lives of Black Men and Boys". Opportunity Agenda. Acessado em 1º de agosto de 2020. Disponível em: <https://www.opportunityagenda.org/explore/resources-publications/social-science-literature-review>.

NATIONAL HUMANITIES CENTER, 2007: <nationalhumanities--center.org/pds/>. Letter in Heckstall Papers (P.C. 582), North Carolina State Archives.

RUGGLES, Steven. "The Origins of African-American Family Structure". *American Sociological Review*, vol. 59, n. 1, pp. 136-51, 1994.

TOLMAN, Tristan L. "The Effects of Slavery and Emancipation on African-American Families and Family History Research". *Crossroads*, março de 2011, pp. 6-17.

WILLIAMS, Heather Andrea. "How Slavery Affected African American Families". TeacherServe. National Humanities Center. Acessado em 1º de agosto de 2020. Disponível em: <http://nationalhumanitiescenter.org/tserve/freedom/1609-1865/essays/aafamilies.htm>.

WOLCHOVER, Natalie. "Why Do News Anchors All Talk the Same?" MSNBC, 1º de outubro de 2011. Disponível em: <http://www.nbcnews.com/id/44740700/ns/technology_and_science-science/t/why-do-news-anchors-all-talk-same/>.

12. O AMOR SEMPRE VENCE

BRADT, Steve. "'One-Drop Rule' Persists". *Harvard Gazette* (blog), 9 de dezembro de 2010. Disponível em: <https://news.harvard.edu/gazette/story/2010/12/one-drop-rule-persists/>.

SUSSMAN, Mark. "The 'Miscegenation' Troll". *JSTOR Daily* (blog), 20 de fevereiro de 2019. Disponível em: <https://daily.jstor.org/the-miscegenation-troll/>.

13. BRIGA BOA

ASTOR, Maggie. "What to Know About the Tulsa Greenwood Massacre". *New York Times*, 20 de junho de 2020. Disponível em: <https://www.nytimes.com/2020/06/20/us/tulsa-greenwood-massacre.html>.

BISCEGLIO, Paul. "There's a Difference Between Riots and Rebellion". UCLA Newsroom, 13 de julho de 2015. Disponível em: <https://newsroom.ucla.edu/stories/theres-a-difference-between-riots-and-rebellion>.

BOISSONEAULT, Lorraine. "Eleven Times When Americans Have Marched in Protest on Washington". *Smithsonian Magazine*, 17 de janeiro de 2017. Disponível em: <https://www.smithsonianmag.com/history/suffrage-civil-rights-war-and-puppets-when-and-why-americans-have-marched-washington-180961809/>.

BUCHANAN, Larry; BUI, Quoctrung e PATEL, Jugal K. "Black Lives Matter May Be the Largest Movement in U.S. History". *New York Times*, 3 de julho de 2020. Disponível em: <https://www.nytimes.com/interactive/2020/07/03/us/george-floyd-protests-crowd-size.html>.

GUNDERSON, Erica. "Riot or Rebellion: Why Peaceful Protests Can Become Violent". WTTW News, 1º de junho de 2020. Disponível em: <https://news.wttw.com/2020/06/01/riot-or-rebellion-why-peaceful-protests-can-become-violent>.

HOHENSTEIN, Kurt. "Sit-In Movement: History & Impact on Civil Rights Movement". *Encyclopaedia Britannica*, 22 de julho de 2020. Disponível em: <https://www.britannica.com/event/sit-in-movement>.

KELLEY, Robin D. G. "What Kind of Society Values Property Over Black Lives?" *New York Times*, 18 de junho de 2020. Disponível em: <https://www.nytimes.com/2020/06/18/opinion/george-floyd-protests-looting.html>.

KING JR., Martin Luther. "Remaining Awake Through a Great Revolution". Discurso proferido na Catedral Nacional, em Washington, D.C., em 31 de março de 1968. Congressional Record, 9 de abril de 1968.

LAFRANCE, Adrienne e NEWKIRK II, Vann R. "The Lost History of an American Coup D'État". *Atlantic*, 12 de agosto de 2017. Disponível em: <https://www.theatlantic.com/politics/archive/2017/08/wilmington-massacre/536457/>.

MCGRAW, Bill. "Riot or Rebellion? The Debate Over What to Call Detroit's 1967 Disorder Continues". MLive, 12 de março de 2016.

Disponível em: <https://www.mlive.com/news/detroit/2016/03/riot_or_rebellion_the_debate_o.html>.

MEESE III, Edwin. "Crucial Difference Between Protests, Riots". *Grand Island Independent*. Acessado em 1º de agosto de 2020. Disponível em: <https://theindependent.com/opinion/columnists/crucial-difference-between-protests-riots/article_708dcc3a-b275-11ea-b732-836851efa8f0.html>.

MEESE III, Edwin. "The Crucial Difference Between Protests and Riots". *Santa Maria Times*, 19 de junho de 2020. Disponível em: <https://santamariatimes.com/opinion/columnists/edwin-meese-iii-the-crucial-difference-between-protests-and-riots/article_503b6758-2653-5997-aac4-03a0f6b46bae.html>.

RAY, Rashawn. "What Does 'Defund the Police' Mean and Does It Have Merit?". Brookings (blog), 19 de junho de 2020. Disponível em: <https://www.brookings.edu/blog/fixgov/2020/06/19/what-does-defund-the-police-mean-and-does-it-have-merit/>.

WAXMAN, Olivia B. "10 Experts on Where the George Floyd Protests Fit Into American History". *Time*, 4 de junho de 2020. Disponível em: <https://time.com/5846727/george-floyd-protests-history/>.

WAY, Katie. "How to Find Out Which Politicians Are Financially Backed by Cops". Vice, 3 de junho de 2020. Disponível em: <https://www.vice.com/en_us/article/bv8nj3/how-to-find-out-which-politicians-are-financially-backed-by-cops>.

14. SOLICITAMOS SUA PRESENÇA

"Abolition and the Abolitionists". *National Geographic*, 21 de junho de 2019. Disponível em: <http://www.nationalgeographic.org/encyclopedia/abolition-and-abolitionists/>.

BAKER, Faima. "What Is a White Saviour Complex?" Metro (blog), 6 de março de 2019. Disponível em: <https://metro.co.uk/2019/03/06/what-is-a-white-saviour-complex-8793979/>.

BELLE, Elly. "How White People Can Hold Each Other Accountable to Stop Institutional Racism". *Teen Vogue*, 2 de agosto de 2019. Disponível em: <https://www.teenvogue.com/story/white-people-can-hold-each-other-accountable-to-stop-institutional-racism>.

BORGES, Anna. "31 Resources That Will Help You Become a Better White Ally". SELF, 5 de junho de 2020. Disponível em: <https://www.self.com/story/white-ally-resources>.

COLE, Teju. "The White-Savior Industrial Complex". *Atlantic*, 21 de março de 2012. Disponível em: <https://www.theatlantic.com/international/archive/2012/03/the-white-savior-industrial-complex/254843/>.

GAROFOLI, Joe. "Being a White Ally of African Americans Means More Than Just Protesting". *San Francisco Chronicle*, 6 de junho de 2020. Disponível em: <https://www.sfchronicle.com/politics/article/Being-a-white-ally-of-African-Americans-means-15321365.php>.

"The Harpers Ferry 'Rising' That Hastened Civil War". NPR, 22 de outubro de 2011. Disponível em: <https://www.npr.org/2011/10/22/141564113/the-harpers-ferry-rising-that-hastened-civil-war>.

"Juliette Hampton Morgan: A White Woman Who Understood". Teaching Tolerance. 6 de julho de 2009. Disponível em: <https://www.tolerance.org/classroom-resources/tolerance-lessons/juliette-hampton-morgan-a-white-woman-who-understood>.

KENDI, Ibram X. "An Antiracist Reading List". *New York Times*, 29 de maio de 2019. Disponível em: <https://www.nytimes.com/2019/05/29/books/review/antiracist-reading-list-ibram-x-kendi.html>.

LEWIS, John. "Together, You Can Redeem the Soul of Our Nation". *New York Times*, 30 de julho de 2020. Disponível em: <https://www.nytimes.com/2020/07/30/opinion/john-lewis-civil-rights-america.html>.

MONTAGUE, James. "The Third Man: The Forgotten Black Power Hero". CNN, 25 de abril de 2012. Disponível em: <https://www.cnn.com/2012/04/24/sport/olympics-norman-black-power/index.html>.

MORRISON, Melanie S. "Becoming Trustworthy White Allies". *Reflections*, 2013. Disponível em: <https://reflections.yale.edu/article/future-race/becoming-trustworthy-white-allies>.

OLUO, Ijeoma. "Welcome to the Anti-Racism Movement – Here's What You've Missed". Medium, 2 de março de 2018. Disponível em: <https://medium.com/the-establishment/welcome-to-the-anti-racism-movement-heres-what-you-ve-missed-711089cb7d34>.

STEWART, Emily. "How to Be a Good White Ally, According to Activists". Vox, 2 de junho de 2020. Disponível em: <https://www.vox.com/2020/6/2/21278123/being-an-ally-racism-george-floyd-protests-white-people>.

WANG, Fei. "Hidden Figures and White Savior". Medium, 29 de janeiro de 2018. Disponível em: <https://medium.com/colored-lenses/hidden-figures-and-white-savior-771c49abbcd2>.

WEBSTER, Andrew. "The Real Story About Peter Norman and the 1968 Mexico Olympics Black Power Salute". *Sydney Morning Herald*, 20 de outubro de 2018. Disponível em: <https://www.smh.com.au/sport/finally-the-real-story-about-peter-norman-and-the-black-power-salute-20181018-p50abm.html>.

"White Allyship 101: Resources to Get to Work". Dismantle Collective. Acessado em 1º de agosto de 2020. Disponível em: <https://www.dismantlecollective.org/resources/>.

"The White Southerners Who Fought US Segregation". BBC, 12 de março de 2019. Disponível em: <https://www.bbc.com/news/world-us-canada-47477354>.

15. PARTINDO PARA O JOGO

APTHEKER, Herbert. "The History of Anti-Racism in the United States". *Black Scholar*, vol. 6, n. 5, pp. 16-22, 1975. Disponível em: <https://doi.org/10.1080/00064246.1975.11413695>.

BUSETTE, Camille. "Mayors and Governors: This Is How You Tackle Racism". Brookings (blog), 2 de junho de 2020. Disponível em: <https://www.brookings.edu/blog/how-we-rise/2020/06/02/mayor-and-governors-this-is-how-you-tackle-racism/>.

"Can We Talk? Tips for Respectful Conversations in Schools, Workplaces and Communities". Anti-Defamation League. Acessado em 1º de agosto de 2020. Disponível em: <https://www.adl.org/education/resources/tools-and-strategies/can-we-talk-tips-for-respectful-conversations-in-schools>.

EDGOOSE, Jennifer et al. "Toolkit for Teaching About Racism in the Context of Persistent Health and Healthcare Disparities". Society of Teachers of Family Medicine Resource Library, 18 de setembro de 2018. Disponível em: <https://resourcelibrary.stfm.org/viewdocument/toolkit-for-teaching-about-racism-i>.

"Key Terms ~ Race and Racism". Vanderbilt University. Acessado em 1º de agosto de 2020. Disponível em: <https://www.vanderbilt.edu/oacs/wp-content/uploads/sites/140/Key-Terms-Racism.pdf>.

MCCAMMON, Sarah. "Want to Have Better Conversations About Racism with Your Parents? Here's How". NPR, 15 de junho de 2020. Disponível em: <https://www.npr.org/2020/06/09/873054935/

want-to-have-better-conversations-about-racism-with-your-parents-heres-how>.

MCINTOSH, Kriston; MOSS, Emily; NUNN, Ryan e SHAMBAUGH, Jay. "Examining the Black-White Wealth Gap". Brookings (blog), 27 de fevereiro de 2020. Disponível em: <https://www.brookings.edu/blog/up-front/2020/02/27/examining-the-black-white-wealth-gap/>.

MCWHORTER, John. "The Dehumanizing Condescension of 'White Fragility'". *Atlantic*, 15 de julho de 2020. Disponível em: <https://www.theatlantic.com/ideas/archive/2020/07/dehumanizing-condescension-white-fragility/614146/>.

"Racial Justice, Racial Equity, and Anti-Racism Reading List". Harvard Kennedy School. Acessado em 1º de agosto de 2020. Disponível em: <https://www.hks.harvard.edu/faculty-research/library-knowledge-services/collections/diversity-inclusion-belonging/anti-racist>.

"Toni Morrison". *The Colbert Report*. Comedy Central, 19 de novembro de 2014. Disponível em: <http://www.cc.com/episodes/4yp6vi/the-colbert-report-november-19-2014-toni-morrison-season-11-ep-11027.

WIJEYSINGHE, C. L.; GRIFFIN, P. e LOVE, B. "Racism Curriculum Design". In: ADAMS, M.; BELL, L. A. e GRIFFIN, P. (orgs.). *Teaching for Diversity and Social Justice: A Sourcebook*. Nova York: Routledge, 1997, pp. 82-109.

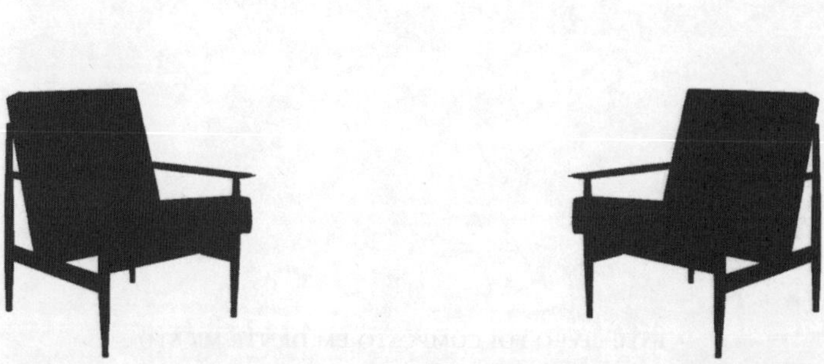

ESTE LIVRO FOI COMPOSTO EM DANTE MT STD ,

CORPO 12 PT, PARA A EDITORA LEYA BRASIL